Nähen lernen Für Anfänger

In wenigen Schritten nähen wie ein Profi

Der praxisnahe Grundkurs mit den besten Techniken und Nähprojekten mit und ohne Nähmaschine inkl. geniale DIY Nähideen

INHALT

Vorwort

Eines der ältesten Handwerke der Welt – und dennoch ist es bis heute nicht aus den Haushalten wegzudenken. Mittlerweile ist es beinahe egal, in welche Wohnung und welches Haus Sie einen Blick werfen. Sicherlich finden Sie nahezu überall entweder ein kleines Nähkästchen, Utensilien zum Häkeln oder sogar ein ganzes Nähzimmer voll mit Nähmaschinen und Stoffen. Ich bin damals durch meine Oma zum Nähen gekommen. Bereits als Kind hatten mich ihre Nähmaschine und die Ruhe, die sie während des Nähens ausstrahlte, fasziniert.

Zwischenzeitlich bin ich lange davon abgekommen. Vor einigen Jahren hatte meine Kollegin jedoch auf der Arbeit ein wunderschönes Kleid an – oben enganliegend mit einem weiten Rock, weiß und mit roten Kirschen darauf. Ich fragte sie, wo sie es gekauft hatte. Ihre Antwort überraschte mich: Sie hatte es tatsächlich selbst genäht. Nun waren meine Begeisterung und Faszination geweckt und ich wollte auch lernen, wie das funktioniert.

Der Anfang war zugegebenermaßen nicht grade einfach. Mittlerweile bin ich jedoch froh, dass ich mich dazu motivieren konnte. Ich kann Ihnen nur wünschen, dass Sie die gleiche Begeisterung erleben und mithilfe meines kleinen Ratgebers erste Ideen und Hinweise für Ihre künftigen Projekte sammeln können.

Was bedeutet nähen

Der Begriff des Nähens verfolgt eine lange Geschichte. Rein sprachlich gesehen stammt er aus dem indoeuropäischen und bedeutet so viel wie Fäden zusammendrehen, weben oder spinnen. Heutzutage beschreibt er all die Vorgänge, bei denen verschiedene Materialien – etwa Stoffe, Leder oder sogar Bleche – mithilfe einer Naht verbunden werden. Die Deutschen haben sogar eine Industrienorm namens DIN 61400 entwickelt, die den Prozess genau definiert und beschreibt. Die Fäden werden entweder miteinander oder mit dem Nähgut verschlungen. Diese Norm beschreibt außerdem den Unterschied zwischen Nähten, die per Hand oder wahlweise mit der Maschine gefertigt wurden. Selbst wenn die Materialien zusätzlich geklebt werden – ihre endgültige Stabilität und Beständigkeit erhalten sie durch den kleinen Faden, der zusätzlich verwendet wird.

Im industriellen Bereich wird heutzutage überwiegend mit Nähmaschinen gearbeitet. Dennoch finden Sie, wenn Sie sich in den Haushalten Ihrer Bekannten umsehen, fast überall ein kleines Nähkästchen mit den üblichen Hilfsmitteln. Bis heute wird Nähen in vielen Grundschulen gelehrt und regelmäßig angewandt.

GESCHICHTE DES NÄHENS

Das Nähen zählt zu den ältesten handwerklichen Techniken. Neben dem klassischen Nähen, bei dem Sie beispielsweise einen Knopf befestigen, wurden im Laufe der Jahrhunderte diverse weitere Verfahren entwickelt. Forscher vermuten, dass das Nähen bereits in der Altsteinzeit entwickelt wurde, demzufolge also über 20.000 Jahre alt ist. Selbst die Nadeln, die damals verwendet wurden, sehen den Heutigen erstaunlich ähnlich. Lediglich das Material war ein anderes – anstelle von Metall wurden Fischgräten, spitze Knochen oder Horn genutzt. Nadeln aus Eisen gibt es erst seit dem 14. Jahrhundert. Da auch von Stoffen zu dieser Zeit noch keine Rede war, bedienten sich die Menschen an Tiersehnen als Garn. Einige Forscher vermuten, dass sogar schon 10.000 Jahre vorher Pflanzensamen als Nähfaden genutzt wurden. Bereits zu dieser Zeit wurde viel genäht. Unsere Vorfahren entdeckten, dass ein geschlachtetes Tier nicht nur als Nahrungsquelle dient. Vielmehr konnten sie das Fell und die Haut weiterverwenden, etwa um sich daraus ein Dach oder Kleidung zu fertigen. Alternativ nutzten sie Flachsfasern und fertigten Decken oder Schuhe daraus.

Nähen war lange Zeit eine Technik, derer sich vorwiegend Frauen bedienten. Diese waren seit jeher für den Haushalt zuständig, während die Männer Gefahren abwandten und für regelmäßige Nahrung sorgten. Doch auch in den folgenden Epochen entschieden sich eher Frauen dazu, sich an diesem Handwerk zu probieren. In seiner ursprünglichen Form wurde Nähen entwickelt, um die Menschen vor Kälte und Bedrohung zu schützen. Mit der Zeit und durch die verschiedenen Techniken entwickelte es sich weiter und wurde zu modischen Zwecken, zur Verschönerung und qualitativen Aufwertung eingesetzt.

Im 19. Jahrhundert wurden die Nähmaschinen erfunden und das Handwerk bekam einen grundlegenden Umschwung. Die gleichen Stoffe ließen sich nun sechs Mal schneller als zuvor miteinander verbinden. Mittlerweile wird in Maschinen für den Haushalt und für die Industrie unterschieden, da auch diese Technik im Laufe der Jahre von mehreren Erfindern stetig weiterentwickelt wurde. Nachdem der Markt zuerst florierte, kam er durch die beiden Weltkriege beinahe vollständig zum Erliegen. Außerdem gewannen Importvarianten aus den asiatischen Ländern zunehmend an Bedeutung im Vergleich zu denen in Europa hergestellten Produkten. Der Import war günstiger, weshalb die Produktion im eigenen Land zunehmend an Bedeutung verlor. Erst in den letzten

Jahrzehnten besannen sich viele Privatpersonen wieder zurück auf das Handwerk und fragten bei Eltern und Großeltern nach Nadel, Faden und den verschiedenen Techniken. Aktuell erlebt das Nähen im Privatbereich wieder einen kleinen Aufschwung.

Näh-ABC: Die wichtigsten Nähbegriffe

Natürlich können Sie sich jetzt eine Nadel und einen Faden schnappen und wahllos beginnen, verschiedene Stoffe miteinander zu verknüpfen. Ich habe das als Kind übrigens auch so gemacht – nachdem ich meiner Großmutter eine Weile beim Nähen, Häkeln und Stricken zugesehen hatte, war ich der Meinung, dass das ja so schwer gar nicht sein könne.

Ich musste herausfinden, dass das ein Irrglaube war. Leider war ich als Kind sehr ungeduldig und verlor schnell die Begeisterung an diesem Thema. Angefangen davon, den Faden durch dieses winzig kleine Nadelöhr zu bekommen bis hin zu der Problematik, dass meine Nähte einfach nicht zusammenbleiben wollten oder aussahen wie eine schlecht verheilte Narbe war wirklich alles dabei – und die schlechte Laune meinerseits garantiert. Glücklicherweise nahm sich meine Großmutter die Zeit, mir die verschiedenen Techniken in Ruhe beizubringen.

Meine Oma predigte immer den Spruch: „Ein Pfund Praxis ist mehr wert als eine Tonne Theorie." Ähnlich wie beim Autofahren werden Sie Ihre Nähtechnik nur dann verbessern, wenn Sie es immer wieder probieren. Dennoch werden Sie um einige Begrifflichkeiten nicht herumkommen – schließlich können Sie ja auch nicht schalten, wenn Ihnen niemand zuvor erklärt hat, wie ein Gang eingelegt wird.

Sie werden kein Schnittmuster verstehen, wenn Sie nicht vorher gelernt haben, wie man es richtig liest. Deshalb beginnen wir mit einem kleinen Lexikon der wichtigsten Begriffe, nach denen Sie jederzeit nachschlagen können.

Abnäher

Abnäher sind Falten im Kleidungsstück. Sie haben entweder die Form eines Keils, oder beispielsweise an der Taille ähneln sie eher einer Raute. Sie sind dafür gedacht, flache Stoffe an die Körperform anzupassen. Überall da, wo Ihr Körper nicht gerade verläuft oder Sie bedingt durch Bewegungen Spielraum brauchen, benötigen Sie einen Abnäher. Das trifft beispielsweise auf den Hintern, die Schultern, die Brust oder die Taille zu. Wichtig ist, dass Sie Abnäher nicht abschneiden dürfen. Stattdessen nähen Sie die Falte entweder per Hand oder mit einer Maschine zur Spitze hin weich ab. Achten Sie vor allem darauf, die Spitze weich auslaufen zu lassen, ansonsten sieht Ihr Abnäher wie ein Trichter aus. Außerdem vernähen Sie den Faden am Ende nicht, sondern versehen ihn lediglich mit einem Knoten, um ihn am Ende mit der Spitze zusammen ausbügeln zu können.

Absteppen

Diese Technik wird häufig für Nähte an der Schulter verwendet, damit sie flach liegen und nicht abstehen. Außerdem wird die Nahtzugabe dadurch noch einmal stabilisiert und die Naht selbst verziert. Sie nutzen hierfür eine Nähmaschine und nähen mit Geradstich eine bereits rechts auf rechts gedrehte Naht, nur wenig daneben, noch einmal nach.

Applizieren

Als Applikation bezeichnet man eine Aufnäharbeit. Wenn Sie applizieren, nähen Sie ein aus Stoffstücken ausgeschnittenes Bild auf einen anderen Stoff auf. Hierbei können Sie entweder selbst eine Zeichnung anfertigen oder Sie verwenden ein vorgefertigtes Bild, bei dem Sie die einzelnen Elemente ausschneiden und sie der Reihe nach auf Ihrem Trägerstoff befestigen. Sie können sich diese Aufgabe vereinfachen, indem Sie die einzelnen Elemente vorher mit doppelseitig klebendem Vlies bebügeln – dadurch verrutscht beim nachfolgenden Vernähen nicht mehr alles. Je nachdem, welche Stoffe Sie nutzen, müssen Sie auch das Vlies wählen. Für dehnbare Stoffe gibt es beispielsweise ein spezielles Stretchfix. Alternativ können Sie beispielsweise auch Klebstoff nutzen, der sich aufsprühen lässt. Nach Bedarf können Sie die einzelnen Elemente auch mehrmals mit einem Geradstich umnähen – damit erzeugen Sie einen Effekt, als hätten Sie die Stücke auf den Trägerstoff gemalt. Diese Stickereien können Sie sowohl mit der Hand als auch mit der Nähmaschine anfertigen.

Beleg

Hierbei ist nicht die Rede vom Kassenbon aus dem Supermarkt. Im Bereich des Nähens wird unter einem Beleg ein Teil am Ausschnitt von Kleidung bezeichnet, also etwa beim Kragen eines T-Shirts. Es handelt sich um die Alternative zu einem Bündchen. Um es anzufertigen, nähen Sie ein Schnittteil in der identischen Form wie das zu belegende Teil rechts auf rechts an und klappen es anschließend nach links, also nach innen, um. Dieser umgeklappte Beleg wird zu guter Letzt von rechts abgesteppt. Belegteile werden häufig mit aufbügelbaren Vliesen zusätzlich verstärkt. Sie können auch die Nahtzugabe und den Beleg zusammen steppen, um zu vermeiden, dass eine sichtbare Naht entsteht.

Biesen

Bei Biesen handelt es sich um dekorative Falten, die Sie meist an Blusen oder Herrenhemden finden. Sie sind ganz knapp an der Seite abgenäht, um einem Kleidungsstück etwas mehr Eleganz zu verleihen.

Bruch (auch Stoffbruch)

Ein Bruch ist die Kante, an der der Stoff im Lauf des Fadens gefaltet wird. Bei einem T-Shirt legen Sie beispielsweise das halbe Vorderteil des Schnittmusters an der Kante an und schneiden es zu. Klappen Sie das Teil nun auf, erhalten Sie ein gesamtes und symmetrisches Vorderteil.

Der Bruch ist also nicht die Kante, an der aufgeschnitten wird, sondern die geschlossene Faltkante. Der Fadenlauf verläuft immer parallel zur Webkante.

Bügelvlies (auch Bügeleinlage)

Wie Sie bereits in den oben aufgeführten Erklärungen einige Male gelesen haben, dient ein Vlies dazu, Stoffe zu stabilisieren. Auf diese Art und Weise behalten sie ihre Form bei. Sie werden immer dann eingesetzt, wenn sich Stoffe an bestimmten Stellen nicht verziehen sollen – etwa an Kanten der Schultern oder an Kragen. Meist wird dieses Vlies aufgebügelt. Es enthält einen Kleber, der mittels Wärme aktiviert wird und durch das Bügeln am Stoff haftet.

Coverlock

Eine Coverlock ist eine Nähmaschine, die für das Nähen von Säumen sowie das Einfassen von Ausschnitten verwendet wird. Diese Maschine näht mit mehreren Nadeln – im Vergleich zur Overlock-Maschine näht sie jedoch auf dem Stoff, nicht auf dem Stoffrand.

Doppelte Stofflage (auch gegengleich)

Hin und wieder benötigen Sie zwei identisch gespiegelte Teile – beispielsweise, wenn Sie für ein T-Shirt einen linken und rechten Ärmel anfertigen wollen. Hierfür eignet sich die doppelte Stofflage. Dabei falten Sie den Stoff so, dass er doppelt liegt. Anschließend legen Sie darauf den Schnitt. Sollten Sie Stoffe mit Mustern verwenden, achten Sie bitte darauf, dass das Muster nicht bei einem der beiden Teile auf dem Kopf steht.

Einreihen/Einkräuseln/Einhalten

Bei dieser Technik legen Sie einen Stoff in kleine Falten. Um sie richtig anzuwenden, nähen Sie mit großer Stichlänge an der Stoffkante entlang.

Die Spannung des Fadens sollte dabei gering sein. Wichtig ist, dass Sie die Fäden am Anfang und am Ende lang lassen und sie auf keinen Fall vernähen oder verknoten. Sobald Sie das gewünschte Stück abgenäht haben, nehmen Sie entweder den Ober- oder Unterfaden und ziehen vorsichtig daran, bis sich der Stoff kräuselt. Indem Sie zwei parallele Nähte am Rand setzen und gleichmäßig jeweils an einem Ober- und Unterfaden ziehen, werden die Falten gleichmäßiger und lassen sich besser verteilen. Sie kennen diese Technik vor allem von Puffärmeln oder Röcken. Auch bei Taschen kommt sie oft zum Einsatz.

Fadenlauf

Als Fadenlauf wird auch die Richtung des Stoffes bezeichnet. Bei Stoffen mit Mustern haben Sie häufig eine bestimmte Richtung, wie beispielsweise Blumen, die alle zur gleichen Seite geneigt sind. Jedoch gibt es auch Stoffe, bei denen die Richtung uneindeutig ist – so etwa Muster ohne bestimmte Orientierung oder einfarbige Stoffe. Hierbei können Sie sich an Folgendem orientieren: Der Fadenlauf geht in jedem Fall parallel zur Webkante am Rand. Außerdem sind Stoffe entlang des Fadenlaufs stabiler, während sie in der entgegengesetzten Richtung biegsam werden. Schnittmuster helfen Ihnen hier ebenfalls weiter, da diese den Fadenlauf meist mit einem Pfeil markieren.

Fadenspannung

Wie es der Name schon sagt, handelt es sich um die Spannung des Nähfadens an der Nähmaschine. In der Regel ist die Rede vom Oberfaden – diese Spannung können Sie variieren, während Sie die des Unterfadens im besten Fall unberührt lassen sollten. Wenn Sie einen Stoff kräuseln möchten, reduzieren Sie die Fadenspannung, um den Stoff später besser zusammenziehen zu können. Sie können sich gern an Stoffresten ausprobieren, um die passende Spannung für die verschiedenen Stoffarten zu ermitteln.

Französische Naht

Neben diesem Begriff wird sie auch als Doppelnaht oder Rechts-Links-Naht geführt. Besonders dünne oder durchsichtige Stoffe oder auch diejenigen, die dazu neigen, Fransen zu bilden, werden mit dieser Technik abgenäht. Die Besonderheit liegt daran, dass die Kanten sozusagen eingeklappt sind und die Naht sich nicht mehr lösen kann. Gleichzeitig erhalten Sie so sowohl von der Innen- als auch von der Außenseite eine ansprechende Optik. Diese Technik beginnt bereits beim Zuschnitt, da Sie die doppelte Menge an Nahtzugabe, also etwa 1 bis 1,5 cm, benötigen. Die Lagen der Stoffe nähen Sie zuerst links auf links zusammen – dazu können Sie auch eine Nähmaschine mit Geradstich nutzen. Somit ist die Naht auf der äußeren Seite des Stoffes. Nun drehen und falten Sie alles um, bis die Stofflagen rechts auf rechts liegen und die Naht eingeschlagen ist. Nähen Sie nun erneut mit Geradstich entlang der Naht, sodass die offenen Stoffkanten davon eingeschlossen werden.

Formbund

Ein Formbund ist die Alternative zu den breiten Bündchen, die meist an Hosen oder Röcken angenäht werden. Der Vorteil: sie passen sich besser an die Körperform an, da dieses Schnittteil leicht gebogen ist.

Greiferfaden

Eine normale Nähmaschine besitzt klassisch einen Ober- sowie einen Unterfaden. Bei einer Overlock und auch bei der Coverlock-Maschine werden Sie den Unterfaden nicht finden. Stattdessen gibt es hier einen oder mehrere sogenannte „Greifer“, die die Greiferfäden führen. Streng genommen ist der Greiferfaden das gleiche wie der Unterfaden, er wird nur nie so genannt.

Hebamme

Wird auch Ausgleichsplatte genannt und hat nichts mit den Geburtshelfern zu tun. Stattdessen ist es eine Platte, die Sie unter den Nähfuß klemmen, wenn Sie einen Höhenunterschied ausgleichen möchten. Sie kommt also beispielsweise dann zum Einsatz, wenn Sie eine dicke Stelle vernähen müssen.

Heften

Für das Heften gibt es einen speziellen Heftfaden, der sehr leicht reißbar ist und sich so problemlos entfernen lässt. Sie nutzen diese Technik, wenn Sie etwas grob vernähen möchten, um beispielsweise die Passform zu prüfen oder dafür sorgen möchten, dass die Stoffe nicht verrutschen, jedoch keine Reißzwecken nutzen können – etwa bei einem Reißverschluss.

Knips

Eine alternative Bezeichnung für diesen Begriff ist die Markierung. Gemeint ist damit ein kleiner Einschnitt innerhalb der Nahtzugabe. Achten Sie darauf, dass der Einschnitt maximal zwei bis drei Millimeter groß ist. Wenn Sie nicht einschneiden möchten, können Sie alternativ auch einen Stift verwenden.

Linke Stoffseite

Die linke Stoffseite bezeichnet den Teil eines Stoffes, der schlussendlich zur Innenseite des jeweiligen Stückes wird. Bei Musterstoffen erkennen Sie diese Seite besonders leicht, da das Muster hier grau verwaschen und weniger sichtbar ist.

Links auf Links

Dieser Begriff wird dann verwendet, wenn zwei Stoffe mit ihren linken Seiten aufeinander liegen. Die „schönen" Seiten zeigen nach außen.

Mehrweite

Eine Mehrweite haben Sie beispielsweise bei Stoffen, die Armbeugen bedecken sollen. Dieser Begriff beschreibt die Tatsache, dass eine Stoffstrecke länger ist als die andere und beim Nähen eingehalten werden muss. Sie müssen die Rundung so nähen, dass eine dreidimensionale Wölbung entsteht, jedoch ohne Falten einzunähen oder den Stoff zu dehnen. Diese Technik eignet sich eher für geübte Näher, da sie etwas Feingefühl benötigt.

Nahtzugabe

Nachdem Sie diesen Begriff jetzt bereits Dutzende Male gelesen haben, folgt hier die Erklärung. Es handelt sich um das äußere Stück des Stoffes, auf dem Sie entlang nähen, um einen weiteren Stoff damit zu verbinden. Bei einigen Schnittmustern ist bereits Nahtzugabe enthalten, während Sie sie bei anderen selbst zugeben müssen. Je nachdem, was Sie nähen, müssen Sie die Nahtzugabe entweder exakt einzeichnen oder können, sofern Sie solche Längen auch gut mit dem Auge abschätzen können, auch auf diese Art und Weise abwägen. Als Maß empfehle ich Ihnen etwa die Dicke Ihres Fingers rund um den Schnitt, also etwa 0,5 bis 0,7 cm – außer an den Stellen, wo keine gegeben werden soll. Das wäre zum Beispiel am Ausschnitt der Fall.

Nähmalen

Nähmalen ist eine Technik, die Sie mit der Nähmaschine anwenden. Hierbei applizieren Sie mithilfe der Maschine ein Motiv auf den Trägerstoff. Nadel und Faden dienen Ihnen als Stift, der Stoff als Papier. Im Unterschied zum klassischen zeichnen bewegen Sie hierbei jedoch sozusagen das Papier anstelle des Stiftes – das bedeutet, dass Sie den Stoff jeweils hin und her schieben. Die Technik funktioniert am besten, wenn Sie den Transporteur Ihrer Nähmaschine nicht nutzen. Indem Sie den Trägerstoff entweder mit Stickvlies verstärken oder ihn, sofern vorhanden, in einen entsprechenden Rahmen einspannen, verhindern Sie, dass er verrutscht oder verknittert. Nun können Sie ein vorgezeichnetes Motiv mit Geradstich nachnähen oder sich frei Hand versuchen.

Oberfaden

Das Ergänzungsstück zum Unterfaden. Hierbei handelt es sich um den Faden, den Sie beim fertigen Stoff auf der Oberseite sehen. Dieser Faden kommt von der oberen Garnrolle an der Maschine und wird durch die Nadel gefädelt.

Overlock

Neben der Coverlock wird vor allem diese Nähmaschine heutzutage genutzt. Mit ihr können Sie vor allem Kleidung sehr gut und einfach anfertigen. Sie zeichnet sich dadurch aus, dass die Nähte dehnbar und sauber sind und darüber hinaus sehr professionell aussehen.

Paspel

Als Paspel bezeichnet man ein wulstiges, erhabenes Zierband. Es wird entweder zwischen zwei Stofflagen oder an einen Rand eingenäht. Meist wird dazu in Schrägband eine dünne Kordel eingearbeitet, damit es ansprechender aussieht und die Naht gleichzeitig stabilisiert wird.

Patchwork

Ähnlich wie bei der zusammengesetzten Familie handelt es sich hierbei um zusammengesetzte Stoffstücke. Das können entweder Stoffreste oder speziell zugeschnittene Stücke sein. Diese werden dann gepatcht, also zusammengenäht, um so ein neues Textil zu kreieren. Mittlerweile gibt es diverse Mustervorlagen, bei denen Sie einzelne Stücke zusammensetzen, um diese Elemente dann final zu einem großen Ganzen zu verbinden.

Panel

Als Panel werden größere Muster bezeichnet, aus denen Sie beispielsweise die vordere Seite eines Oberteils oder ein Kissen nähen können. Üblicherweise kaufen Sie hierfür einen Rapport, also einmal das Muster. Meist sind auf der gesamten Breite des Stoffes mehrere Paneele nebeneinander gedruckt, die dann farblich aneinander angepasst sind. Das ermöglicht es Ihnen, neben dem Vorderteil eines Oberteils dazu passend weitere Elemente, wie das Rückenteil, zu nähen.

Papier-Schnittmuster

Heutzutage finden Sie Schnittmuster in den verschiedensten Varianten. Papier-Schnittmuster erhalten Sie im Geschäft, im Online- Shop oder sogar in entsprechenden Zeitungen. Das Einzige, was Sie noch machen müssen, ist, die gewünschte Größe auf den Stoff zu übertragen und sie zuzuschneiden. Bei einer digitalen Datei, auch E-Book genannt, drucken Sie das Element so oft Sie möchten aus und kleben die Seiten zusammen. Alternativ können Sie sich auch große A0-Dateien in einer Druckerei anfertigen lassen. Auch hier schneiden Sie dann die gewünschte Größe aus und können beginnen.

Quilten

Quilten bedeutet übersetzt so viel wie steppen. Diese Technik kommt beispielsweise bei Patchwork-Decken zum Einsatz. Sie werden meist entweder per Hand oder mit der Nähmaschine abgesteppt, um schöne Muster und Verzierungen zu erhalten.

Rechte Stoffseite

Hierbei handelt es sich um die Seite des Stoffes, die beim fertigen Textil von außen sichtbar ist. Bei bedruckten Stoffen erkennen Sie sie sehr leicht, da es die brillantere der beiden Seiten ist. Bei anderen Stoffen, wie etwa Jersey, ist es meist die Seite mit den rechten Maschen. Diese erkennen Sie daran, dass sie aussehen wie ein Zopf. Linke Maschen erinnern eher an Schlaufen. Bei Jersey gibt es einen einfachen Trick, um die rechte Stoffseite zu ermitteln: Schneiden Sie einfach ein Stück ab – rollt sich der Stoff nach links, haben Sie quer zum Fadenlauf geschnitten.

Rechts auf rechts

Dieser Begriff bedeutet, dass die beiden schönen Stoffseiten aufeinanderliegen. In diesem Verfahren wird üblicherweise genäht und später das Nähstück umgedreht, damit die schöne Seite ohne Nähte nach außen zeigt und die linke Seite mit den Nähten nach innen.

Raupe (auch Riegel)

Hierbei handelt es sich um eine Reihe mit engen und kurzen Zickzackstichen. Sie nähen auf diese Art und Weise, um stark beanspruchte Stellen eines Textils vor dem Ausreißen zu schützen – etwa bei Hosentaschen.

Rapport

Wenn sich bei einem Stoff ein bestimmtes Design oder Muster mehrfach wiederholt, wird das auch Rapport genannt. Sie benötigen ihn, um bei einem Kleidungsstück einen ansehnlichen Verlauf des Musters ohne Unterbrechung von Nähten zu erhalten. Damit Ihnen das gelingt, müssen Sie beim Zuschnitt auf die richtige Anordnung der zugeschnittenen Teile achten.

Rüsche

Bei einer Rüsche handelt es sich um einen Stoffstreifen, den Sie als Verzierung an- oder aufnähen. Sie kräuseln einen gerade zugeschnittenen Stoffstreifen an einer Kante ein und erhalten so Ihre Rüsche. Wichtig: eine Rüsche und ein Volant sind zwar ähnlich, haben aber dennoch Unterschiede.

Saum

Einen Saum benötigen Sie, um eine Stoffkante sauber abzuschließen – etwa an einem Ärmel oder am unteren Teil eines Rocks. Die Schnittkante kann hierfür entweder einfach oder doppelt umgelegt und anschließend abgenäht werden. Für das Säumen selbst können Sie sich verschiedener Techniken bedienen: Sie können zwei Mal einschlagen, bügeln und dann den Umschlag festnähen. Bei Jersey können Sie die Kante mit der Overlock versäubern, sie anschließend einmal umschlagen und dann mit einer Zwillingsnadel festnähen. Auch mit der Coverlock können Sie einen Saum herstellen. Alternativ können Sie auch beispielsweise einen Rollsaum oder einen Blindsaum (er wird mit einem Blindstich für Kleidungsstücke, die per Hand gewaschen werden, angefertigt, da er nicht so robust ist) nähen.

Beim Säumen gibt es zudem einen Fachbegriff: den Umbug. Dieses Wort steht für das nach innen, doppelt eingeschlagene Stück des Saumbelags. Der Umbug hat die Aufgabe, die Saumkante zu schützen.

Smoken

Beim Smoken nähen Sie ein dünnes Gummiband, meist in mehreren Zeilen, an. Insgesamt gibt es hierfür zwei unterschiedliche Möglichkeiten. Entweder wickeln Sie den Smokgummi fest auf die Unterfadenspule auf und nähen dann mit dem Gummi als Unterfaden oder Sie halten den Gummi per Hand und nähen ihn sozusagen fest. Damit das gelingt, zeichnen Sie sich Linien auf, an denen Sie den Gummi befestigen möchten. Nähen Sie nun den Gummifaden an einem Ende gut fest. Mithilfe des Zickzackstiches nähen Sie den Gummifaden entlang der Linie an. Sie müssen ihn dabei eindrehen. Hierfür stechen Sie im Zickzack immer jeweils links und rechts am Gummifaden vorbei und sperren ihn dadurch sozusagen ein.

Stoffmuster

Neben dem Fadenlauf spielt vor allem das Stoffmuster beim Schneiden des Stoffes eine große Rolle. Achten Sie vor allem darauf, wenn Sie ein Stoffmuster mit Richtung haben – ansonsten legen Sie durch den falschen Zuschnitt Schnittteile auf, bei denen die Blumen in unterschiedliche Richtungen zeigen und die Tiere auf dem Kopf stehen. Achten Sie außerdem darauf, dass Sie die jeweiligen Muster gut platzieren. Stellen Sie sich mal vor Sie fertigen eine Hose mit einem Kreis am Hintern an – das könnte je nach Farbe schnell wie der Hintern eines Pavians wirken.

Stichrichtung

Bestimmte Stoffe wie Cord oder Samt folgen einer Stichrichtung. Diese spüren Sie, wenn Sie mit der Hand über einen Stoff streichen – die überstehenden Fädchen legen sich dann mit dem Stich leicht an. In entgegengesetzter Richtung stellen sie sich hingegen auf. Achten Sie bei einem Zuschnitt darauf, dass die Teile alle in gleicher Richtung aufgelegt sind. Es empfiehlt sich bei Kleidung, wenn die Stichrichtung nach unten hin glatt erscheint – also so, als würden Sie auf Ihrem Oberteil von oben nach unten streichen.

Unterfaden

Diesen Faden sehen Sie auf der unteren Seite des Stoffes. Er stammt auch bei der Nähmaschine von unten, da er aus der Spule kommt.

Verriegeln/Vernähen (auch Naht sichern)

Um zu verhindern, dass eine Naht mit der normalen Nähmaschine nicht sofort wieder aufgeht, müssen Sie sie sichern und vernähen. Um hier erfolgreich zu sein, müssen Sie lediglich am Beginn und Ende jeder Naht einige Stiche vor und zurück nähen. Mittlerweile gibt es sogar Maschinen, die hierfür eine Automatik haben. Besitzen Sie eine Overlock, müssen Sie Ihre Naht nicht auf diese Art sichern. Stattdessen können Sie die überstehende Fadenraupe entweder verknoten, einziehen oder mit einem Tropfen Textilkleber sichern.

Verstürzen

Als verstürzen wird das Nähen sowie das anschließende Herumdrehen bezeichnet. Das heißt, Sie nähen zwei Stoffstücke zusammen und wenden Sie danach. Dieses Verfahren wird beispielsweise bei Kissenbezügen, Belegen und Kragen genutzt. Die Naht dient Ihnen nun als Kante und sollte von Ihnen gründlich gebügelt werden. Wenn Sie Rundungen haben, schneiden Sie sie nach dem Nähen bis knapp an die Naht ein, damit sie sich schön legen.

Volant

Ein Volant ist das Gegenstück zur Rüsche. Jedoch handelt es sich hierbei um einen kreisförmigen Besatz, der gerade angenäht wird. Eine typische Volantschnecke fällt in weichen Wellen.

Webkante

Auch wenn der Name es glauben lässt, muss es sich nicht zwangsläufig um gewebten Stoff handeln – Sie finden eine Webkante auch bei Jersey. Stattdessen handelt es sich um die seitlichen Kanten eines Stoffs. Wenn Sie vor sich ein Stück Stoff liegen haben, mit jeweils oben und unten abgeschnittenen Seiten, verlaufen die Webkanten jeweils links und rechts. Es handelt sich also nicht um die Ränder, die Sie zugeschnitten haben. Sie erkennen sie daran, dass sie etwas fester als der restliche Stoff sind. Aus diesem Grund eignen Sie sich auch nicht zum Nähen. Bei Stoffen mit Mustern erkennen Sie sie daran, dass sie weiß, also nicht bedruckt, sind. Hersteller vermerken auf der Webkante meist Designer oder Hinweise zum Waschen.

Zuschneiden

Wenn Sie zuschneiden, schneiden Sie einen Stoff nach einem entsprechenden Schnittmuster. Hierfür legen Sie Vorlagen auf und sorgen beispielsweise durch Heftnadeln oder einen schweren Gegenstand dafür, dass sie nicht verrutschen können. Geübte Näher schneiden nun Pi mal Daumen um das Muster herum – sie können die Nahtzugabe bereits abschätzen. Anfängern empfiehlt sich, die Nahtzugabe beispielsweise mit einem Kreidemarker zusätzlich einzuzeichnen und erst danach auszuschneiden.

Das richtige Nähzubehör

Gerade als Anfänger haben Sie den Vorteil, dass Sie bereits mit sehr wenigen Hilfsmitteln starten können. Viele Utensilien können anderweitig ersetzt werden oder sind Spielereien, derer Sie sich bedienen können, wenn Sie komplexere Textilien anfertigen möchten. Dennoch gibt es einige Dinge, die zum erfolgreichen Nähen unerlässlich sind.

GRUNDAUSSTATTUNG

Hierbei handelt es sich um Utensilien, die Sie in jedem Fall benötigen, um überhaupt nähen zu können. Diese Ausstattung ist minimal gehalten und eignet sich daher optimal für Sie, wenn Sie gerade mit dem Nähen beginnen möchten. Je geübter Sie werden, desto mehr Zubehör können Sie nutzen.

Zuerst benötigen Sie eine Nähmaschine. Neben den hochklassigen Produkten gibt es günstige Einsteigermodelle, die sich bereits für verschiedene Zwecke eignen. Lassen Sie sich am besten in einem Fachhandel beraten, da auch hier die Auswahl bereits enorm ist. Je nachdem, ob Sie auf eine einfache Bedienung oder beispielsweise einen automatischen Einfädler Wert legen, bieten sich Ihnen diverse Möglichkeiten.

Passend zur Nähmaschine benötigen Sie außerdem Nähmaschinennadeln. Nutzen Sie zu Anfang am besten Universalnadeln – diese gibt es im Set in verschiedenen Größen, sodass Sie sich durchprobieren können. Vorsicht jedoch, wenn Sie mit Jersey-Stoffen nähen – hierfür gibt es spezielle Nadeln mit einer abgerundeten Spitze, damit der Stoff nicht beschädigt wird.

Damit die Nadeln auch etwas haben, was sie fädeln können, benötigen Sie zudem Nähgarn. Diesen finden Sie sowohl im Discounter als auch im Fachgeschäft. Sollten Sie sich für die günstige Variante entscheiden, achten Sie bitte auf die Qualität – es kann sein, dass das Material unterschiedlich stark gewickelt ist und dadurch schneller zum Reißen neigt als die kostenintensiveren Alternativen. Es gibt Garne, mit denen Sie jedes Material nähen können – damit können Sie sich anfangs gut ausprobieren.

Außerdem sollten Sie Stecknadeln zu Ihrem Nähkoffer ergänzen. Auch hier gibt es eine riesige Auswahl, von einfach und schlicht mit Metall bis hin zu bunt verzierten Köpfen. Die einfachen Nadeln ohne Kopf haben den Vorteil, dass sie beim Bügeln auch mal getroffen werden können, ohne dass gleich eine Beschädigung entsteht.

Wenn Sie nicht mit der Maschine, sondern per Hand nähen, benötigen Sie Nähnadeln. Diese kommen auch dann zum Einsatz, wenn Sie eine kleine Stelle flicken möchten oder eine Wendeöffnung schließen müssen – dafür ist die Maschine leider ungeeignet.

Um Zeichen auf einem Stoff zu markieren, können Sie neben Kreide zu Anfang auch einen klassischen Bleistift verwenden. Damit Sie Bündchenware zuschneiden können, hilft Ihnen außerdem ein Lineal. Neben den klassischen Schneiderlinealen können Sie auch in der Federmappe Ihres Kindes nachsehen, ob Sie eine Alternative aus dem Schulunterricht finden.

Unabdingbar ist zudem eine Stoffschere. Hier sollten Sie auch nicht als Alternative auf die klassische Papierschere aus dem Schrank zurückgreifen, da diese den Stoff nicht richtig schneidet und unschöne Ränder hinterlässt. Nutzen Sie diese Schere auch bitte nur für Stoffe! Schneiden Sie damit einmal Papier, wird sie sofort stumpf.

Ein Nahttrenner gehört zwar nicht zum Muss, wird Ihnen die Arbeit jedoch erheblich vereinfachen. Diese kleine technische Errungenschaft erspart Ihnen das Auftrennen von Nähten per Hand – und damit jede Menge Zeit und Nerven.

Wie ich Ihnen bereits eingangs erklärt habe, müssen Schnittmuster abgepaust werden. Anstelle des teuren Papiers können Sie beispielsweise auch Backpapier für diesen Arbeitsschritt nutzen.

Zu guter Letzt brauchen Sie natürlich noch etwas, dass Sie zusammennähen können: den Stoff. Kaufen Sie jedoch bitte nicht wild drauf los, bis in Ihrer Wohnung überall Stoffstücke herum liegen. Wenn Sie einmal damit angefangen haben, werden sich viel zu schnell Tüten und Kisten mit Stoffen stapeln und Sie wissen gar nicht, was Sie damit anfangen sollen. Planen Sie zu Anfang ein konkretes Projekt und kaufen Sie wirklich nur genau die Menge an Stoff, die Sie dafür benötigen.

NÄHZUBEHÖR FÜR HOBBYNÄHER

Je geübter Sie werden, desto mehr Zubehör können oder werden Sie sich anschaffen. Immerhin erweitern sich Ihre Techniken und somit auch die Dinge, die Sie überhaupt nähen möchten.

Als Ergänzung zur Schere empfiehlt sich ein Rollschneider samt Schneidmatte. Diese beiden Helferlein beschleunigen die Zuschnitte enorm. Achten Sie nur bitte darauf, mit dem Rollschneider nicht über das Papier zu kommen, sonst wird er sehr schnell stumpf.

Stoffkunde: Übersicht aller Stoffarten

Standen Sie jemals in einem Nähbedarfsladen? Neben Dutzenden Fäden erwartet Sie vor allem eine schier unendliche Auswahl an verschiedenen Stoffen. Angefangen bei Farben und Mustern sind es vor allem die Stoffe und Materialien selbst, die Ihnen verschiedene Möglichkeiten geben. Je nachdem, was Sie schlussendlich nähen möchten, müssen Sie sich für den richtigen Stoff entscheiden.

Deshalb finden Sie anbei ein kleines Lexikon, um die einzelnen Materialien kennenzulernen. Grundlegend hat jede Stoffart ihre typischen Eigenschaften und dementsprechende Vor- und Nachteile. Damit Sie es bei der Unterscheidung einfacher haben, können Sie die Stoffe zuerst in dehnbar und nicht dehnbar unterteilen. Dehnbare Stoffe erkennen Sie meist daran, dass Sie weder Knöpfe noch Reißverschlüsse benötigen – beispielsweise T-Shirts oder Leggings. Bei nicht dehnbaren Stoffen benötigen Sie diese zusätzlichen Hilfsmittel oder auch einen Gummizug wie bei einem Rock.

DIE VERSCHIEDENEN WEBWARE-STOFFE

Ein weiterer Begriff, den Sie sehr häufig finden werden, ist der der Webware. Die meisten assoziieren damit den klassischen Baumwollstoff, eigentlich fallen jedoch alle Stoffe darunter, die gewebt werden. Um die Fäden zu überkreuzen, gibt es verschiedene Techniken – daraus entstehen unterschiedliche Stoffarten. Je nachdem, wie die Fäden und Fasern kombiniert werden, können ebenfalls andere Stoffe entstehen. Dadurch können Sie Webware sowohl als sehr feinen oder als dicken und stabilen Stoff vorfinden.

Baumwollwebware
Diese Art Webware besteht zumindest teilweise aus Baumwollfasern. Entscheidend bei dieser Stoffart ist die Art und Weise, wie die verwendeten Fäden gesponnen sind. Popeline zeichnet sich beispielsweise dadurch aus, dass er recht steif ist. Dadurch eignet sich dieser Stoff unter anderem für Hosen oder Jacken. Hingegen gibt es auch dünner gesponnene Webware, mit der Sie Blusen oder sommerliche Kleidung nähen können.

Batist
Bei Batist handelt es sich um einen feinen, aber dennoch sehr robusten und fest gewebten Stoff. Sie können ihn vielfältig einsetzen – sowohl für Blusen oder Kleider als auch für Bettwäsche.

Canvas/Segeltuch
Dieser Stoff wird aus einem sehr starken Garn genäht, was ihn robust und widerstandsfähig macht. Wenn Sie eine Tasche nähen möchten, greifen Sie mit Canvas auf jeden Fall zum richtigen Stoff. Bekannt ist Ihnen das Material möglicherweise auch von Sitzsäcken.

Chambray
Bei Chambray handelt es sich um einen Stoff mit besonders eleganter Optik. Das liegt daran, dass er aus zwei verschiedenfarbigen Garnen gewebt wird. Er ist sehr weich und meist kariert oder gestreift, weshalb aus ihm häufig Hemden gefertigt werden.

Chiffon
Wenn Sie Chiffon zwischen den Fingern reiben, wird Sie das Gefühl an Sand erinnern. Der Grund hierfür liegt an den Garnen, die in unterschiedliche Richtungen verdreht sind. Außerdem erkennen Sie Chiffon daran, dass er leicht durchscheinend oder sogar durchsichtig ist. Da der

Stoff sehr leicht und elegant ist, eignet er sich für lange, elegant fallende Kleider oder dünne Blusen.

Cord

Neben den klassischen Kett- und Schussfäden, die Sie bei allen Webstoffen finden, kommt beim Cord ein weiterer Faden hinzu. Dadurch entsteht eine Schlaufe, die oben herausschaut. Diese Schlaufen werden am Ende in verschiedenen Höhen aufgeschnitten, wodurch die typische Rippenstruktur entsteht. Klassischen Cordstoff erkennen Sie an den breiten Rippen. Hingegen gibt es auch noch Babycord, der sehr fein gerippt ist.

Flanell

Ich bin mir sicher, dass Ihnen Flanellhemden vertraut sind – viele kennen Sie als klassische Holzfällerhemden. Dieser gewebte Stoff wird durch walken aufgeraut und erhält dadurch die typisch wärmenden und weichen Eigenschaften. Abseits der bekannten Hemden wird Flanell auch für die Produktion von Nachtwäsche und Bettwäsche eingesetzt.

Frottee

Dieser Stoff ist den meisten Menschen bekannt, selbst wenn sie sich vorher nie mit dem Thema nähen beschäftigt haben. Bademäntel oder Handtücher werden gern daraus gefertigt, da das voluminöse Gewebe viel Feuchtigkeit aufnehmen kann. Frottee wird auch gern als innere Lage für genähte Stoffbinden genutzt.

Jeans/Denim

Spätestens seitdem Jeggings Einzug in die Modewelt gehalten haben, ist Jeansstoff nicht mehr wegzudenken. Allerdings ist bei dem hier entstandenen Produkt Elasthan in den Stoff eingesetzt, um ihn flexibler zu machen. Ansonsten kennen Sie ihn typischerweise von Hosen oder Jacken. Mit dünneren Jeansstoffen werden auch häufig Kleider angefertigt. Die typische Musterung von Jeans entsteht durch eine spezielle Webtechnik. Hierbei werden gefärbte und ungefärbte Fäden miteinander gekreuzt.

Leinen

Leinenstoff wird aus den Fasern der Flachspflanze gefertigt. Sie erkennen ihn daran, dass er dazu neigt, an den Rändern typischerweise auszufransen. Sie kennen sicherlich die fransigen Vorhänge oder andere Dekomaterialien – jedoch wird Leinen mittlerweile auch gern für leichte, sommerliche Hosen oder Blazer genutzt. Wenn Sie sich dafür entscheiden, aus Leinen ein Kleidungsstück anzufertigen, bedenken Sie bitte, dass dieses Material anfällig für Knitter ist.

Molton

Hierbei handelt es sich um einen dicken und schweren Baumwollstoff, der sich durch eine matte Optik auszeichnet. Ähnlich wie Frottee ist er sehr saugfähig, wird aufgrund seiner Beschaffenheit jedoch meist als Innenleben für Stoffwindeln oder Stoffbinden verwendet. Außerdem kennen Sie doch sicherlich Kinder, die gern spucken oder viel sabbern? Hierfür empfehle ich Ihnen ein Moltontuch als Unterlage für den Liegeplatz oder auch den Kinderwagen.

Musselin/ Spucktuch-Stoff

Musselin ist im Vergleich zu Molton feiner und locker gewebt, da hier jeweils zwei Lagen immer punktuell miteinander verbunden werden. Diese punktuelle Verbindung sorgt für Luftpolster, weshalb sich der Stoff fluffig anfühlt. Außerdem wird er umso weicher, je öfter Sie ihn waschen. Musselin ist der klassische Stoff, wenn Sie Spucktücher und Stoffwindeln herstellen möchten. Mittlerweile wird er jedoch auch häufig bei Halstüchern, Schals oder Babybekleidung genutzt.

Pique

Diesen Stoff kennen Sie klassischerweise von Polohemden. Es handelt sich um einen dicken Stoff, der dadurch entsteht, dass doppellagiges Gewebe so miteinander verbunden wird, dass ein reliefartiges Muster entsteht.

Seersucker

Seersucker hat den Vorteil, dass es kaum knittert und sich angenehm kühl auf der Haut anfühlt. Daher wird er gern verwendet, um sommerliche Bettwäsche oder leichte Kleider herzustellen.

Seide

Seide ist einer der kostenintensivsten, aber auch der sensibelsten Stoffarten. Wenn es sich um echte Seide handelt, wurde sie von Seidenraupen gewonnen. Seide ist weich und anschmiegsam und wird daher gern für Blusen verwendet. Allerdings ist sie intensiv in der Pflege – Waschmaschinen sind tabu, stattdessen dürfen Sie Seide nur bei maximal 30 Grad per Hand waschen.

(Stretch-) Satin

Neben dem klassischen Satin gibt es auch denjenigen mit Elasthan. Er zeichnet sich dadurch aus, dass er etwas fester im Griff ist.

Tüll

Tüll ist ein netzartiges, feines Gewebe. Außerdem gibt es ihn in verschiedenen Varianten. Von weich und biegsam, über hart mit viel Stand oder mit Glitzer bestickt kennen Sie ihn sicherlich von prunkvollen Hochzeitskleidern. Alternativ können Sie aus diesem Stoff natürlich auch Gardinen oder Tischläufer nähen.

Tweed

Wer kennt sie nicht, die klassischen Tweedjacken? In der Modebranche sind sie ein Dauerbrenner – sie werden immer mal wieder umgearbeitet, gehören jedoch dauerhaft zum Sortiment. Neben Jacken gibt es aus diesem Stoff auch Hosen und Kleider. Von der Machart her handelt es sich um ein grobes Gewebe aus Wolle.

Velvet/ Samt

Ähnlich wie beim Cord werden auch beim Samt mithilfe eines weiteren Fadens Schlaufen angefertigt, die oben herausstehen. Der Unterschied besteht darin, dass die Schlaufen in einer und nicht in unterschiedlicher Höhe abgeschnitten werden. Dadurch entsteht der weiche Flor. Samt existiert in verschiedenen Formen: neben dem klassischen Stoff gibt es ihn auch mit Elasthananteil oder Samt mit Maschenware. Dieser nennt sich dann Wirksamt. Aus Samt können Sie sowohl Tischdecken als auch Kleidungsstücke anfertigen.

Viskose Webware

Viskose Webware wird häufig auch unter dem Begriff der Kunstseide geführt. Lassen Sie sich von der Formulierung nicht irritieren, das Material wird aus pflanzlicher Cellulose hergestellt und hat dadurch die gleichen Trageeigenschaften wie Baumwolle. Da der Stoff wunderbar weich und leicht ist, eignet er sich sehr gut zum Nähen von leicht fließenden Blusen oder Kleidern.

Voile

Voile verhält sich ähnlich wie Viskose Webware. Allerdings hat sie mehr Festigkeit und lässt sich leichter vernähen als der vergleichbare Stoff. Wenn Sie leichte Blusen oder Kleider nähen möchten, kann ich Ihnen diesen Stoff empfehlen.

Webware Jacquard

Bei dieser Bezeichnung müssen Sie vor allem beachten, dass der Begriff „Jacquard" lediglich die Musterung bezeichnet. Die Jacquard-Technik beschreibt, wie Muster eingewebt oder eingestickt werden. Neben der Jacquard Webware gibt es außerdem Jacquard Maschenware – hiermit können Sie beispielsweise Cardigans oder Strickkleider anfertigen. Bei der hiesigen Webware handelt es sich um schwere Stoffe wie Damast oder Brokat. Sie wird für die Anfertigung von schweren Vorhängen oder Tischdecken genutzt.

DIE VERSCHIEDENEN MASCHENWARE STOFFE

Neben Webware bildet die Maschenware die zweite große Stoffgruppe. Um ihn anzufertigen, wird der Faden zu einer Schlinge gelegt – in diese Schlinge wird wieder eine Schlinge gelegt und so weiter. Der Stoff wird also gestrickt und nicht genäht, was ihn elastischer und dehnbarer im Vergleich zur Webware macht.

Grundlegend unterscheidet sich Maschenware zwischen Strickwaren und Wirkwaren. Strickwaren können Sie auch mit der Hand herstellen, Wirkwaren hingegen sind nur mit technischen Hilfsmitteln produzierbar. Bei Strickwaren wird immer eine Masche mit der nächsten verknüpft, bei Wirkware werden mit einem oder mehreren Fäden viele Maschen auf einmal gebildet. Das sorgt dafür, dass Sie bei Wirkware nahezu keine Laufmasche finden – etwa, wenn mittels Nylon Strumpfhosen hergestellt werden.

Von den Eigenschaften sind die zwei Arten der Maschenware unwahrscheinlich ähnlich. Sie können Sie entweder als Meterware oder durch die Anfertigung von Bündchen oder Ähnlichem auch als Schlauchware erwerben.

Bündchenware

Bündchen werden Sie immer dann benötigen, wenn Sie für Ärmel oder Saumbündchen einen Ausschnitt einfassen möchten. Sie können Bündchen entweder selbst nähen – hierfür gibt es Schlauchware in verschiedenen Breiten. Alternativ oder auch für den Anfang gibt es jedoch bereits fertig gestrickte Bündchen, die Sie unter dem Namen „Cuff" finden. Von schlicht bis hin zu auffälligen Mustern bietet sich Ihnen eine breite Auswahl, die Sie sofort annähen können.

Fleece

Fleece besteht meist aus Polyester – das heißt aus Baumwolle oder aus recycelten PET-Flaschen. Der Stoff ist wärmend und sehr weich, weshalb gern Decken aus Fleece hergestellt werden. Insgesamt gibt es sechs verschiedene Arten: Antipilling Fleece (hat den Vorteil, dass es kaum verfilzt), Baumwollfleece, Strickfleece, Softshell-Fleece, das zweilagige Doubleface-Fleece und das Wellness- oder Alpenfleece. Letzteres ist besonders weich, die Rückseite erinnert fast an ein Fell. Obwohl Fleece zum Teil aus recycelten Produkten hergestellt wird, ist es zu Teilen schädlich für die Umwelt. Wenn Sie es waschen, lösen sich jedes Mal kleine Partikel – das sogenannte Microplastik. Diese Partikel können von den Kläranlagen nicht gefiltert werden, weshalb sie anschließend wieder zurück in die Meere gelangt.

Lycra

Lycra, oder auch Badelycra, ist eine alternative Bezeichnung für Elasthan. Dementsprechend handelt es sich um einen besonders elastischen Stoff, aus dem beispielsweise Badebekleidung hergestellt wird. Lycra gibt es sowohl mit als auch ohne UV-Schutz, sodass Sie hiermit auch UV-beständige Kleidung für den Sommer herstellen können – beispielsweise Surfshirts. Achten Sie bei der Verarbeitung jedoch bitte darauf, dass Sie für die Ränder spezielles Badegummi benötigen, um es beständig gegen

Chlor- und Salzwasser zu machen. Aufgrund seiner Dehnbarkeit sind die Schnittmuster für Lycra üblicherweise kleiner als das tatsächliche Körpermaß. Andernfalls würden die jeweiligen Kleidungsstücke nicht so eng anliegen und beim Baden verrutschen. Dadurch ist es jedoch umso wichtiger, dass Sie die Schnittmuster nicht untereinander vertauschen.

Jersey

Bei Jersey müssen Sie immer auf das Gewicht und den Fall achten, da es hiervon viele verschiedene Varianten und Qualitäten gibt, die sich für die unterschiedlichsten Projekte eignen. Grundlegend kennen Sie Jersey als dehnbaren Stoff, der vor allem für bequeme Kleidung zu Hause oder auch für Babybekleidung genutzt wird.

Single-Jersey erkennen Sie daran, dass er eine rechte und eine linke Seite hat und häufig sehr dünn ist, da er nur einfädig angefertigt wird. Wenn Sie es ein wenig dicker haben möchten, nehmen Sie Double-Jersey. Baumwolljersey ist hingegen etwas griffiger und hat ebenfalls zwei Seiten.

Interlock ist ebenfalls dicker als Single-Jersey und besitzt zudem zwei rechte Seiten.

Im Jacquard-Jersey ist nach Jacquard-Art ein besonderes Muster eingestrickt.

Wenn Sie Etuikleider oder Hosen anfertigen möchten, nutzen Sie Romanit-Jersey, auch Punto di Roma genannt. Der Stoff zeichnet sich durch einen schweren Fall und einen meist leichten Glanz aus und ist sehr robust.
Viskose-Jersey eignet sich für drapierte Shirts und leichte Kleider, da er einen sehr weichen und fließenden Fall hat und sehr dünn ist. Modal-Jersey ist ähnlich im Fall, jedoch dicker als Viskose-Jersey.

Funktionsjersey

Eine Untergruppe des klassischen Jersey wird unter dem Begriff Funktionsjersey geführt. Hierbei handelt es sich um hochwertige Stoffe, die meist für Sportbekleidung genutzt werden. Aufgrund seiner speziellen Beschaffenheit zeichnen sich die Stoffe vor allem dadurch aus, dass sie unwahrscheinlich schnell trocknen und Feuchtigkeit vom Körper weg transportieren. Diese Stoffe gibt es in unterschiedlicher Dicke. Sie kennen sicherlich sowohl die dünnen T-Shirts als auch die robusten und blickdichten Leggings. Außerdem gibt es diesen Stoff sowohl mit rein synthetischen Fasern wie Nylon oder Polyamid als auch mit natürlichen Fasern, etwa Merinowolle. In ganz speziellen Varianten gibt es diese Sportstoffe auch mit Reflektor-Ausrüstung. Die bekannte Sportmarke Adidas verwendet für seine Shorts eine weitere spezielle Variante, nämlich gewebten Funktionsjersey.

Nicki

Nicki zeichnet sich als samtiger und weicher Stoff aus, weshalb er seine Verwendung vor allem bei Babystramplern oder gemütlicher Kleidung für zu Hause findet. Wenn Sie ein Oberteil aus Nicki tragen, fühlt es sich ein wenig wie Samt an – gleichzeitig ist der Stoff jedoch auch dehnbar und dadurch enorm bequem im Tragekomfort.

Softshell

Softshell erkennen Sie typischerweise daran, dass es aus mehreren Lagen besteht. Die äußerste ist immer wasser- und windabweisend. Trotz dieser Beständigkeit ist Softshell wind- und luftdurchlässig und dadurch atmungsaktiv. Das erlaubt es dem Material Feuchtigkeit von innen nach außen durchzulassen. Daher sind viele Funktionsjacken aus Softshell gefertigt oder enthalten dieses Material zumindest zum Teil. Beachten Sie bitte dennoch, dass wasserabweisend nicht gleich wasserdicht bedeutet.

Strick

Strick gilt allgemein als Bezeichnung für alle Stoffe, die wie gestrickt aussehen – das heißt die Stoffarten, die meist große Maschen aufweisen. Bekannt ist vor allem der typische Grobstrick mit großen Maschen – sie stehen ergänzend zu den Holzfällerhemden. Mit Grobstrick werden jedoch heutzutage auch gern Oversize-Pullover angefertigt. Als Gegenstück kennen Sie Feinstrick mit kleineren Maschen, der sehr edel aussieht. Mützen, die mithilfe von Feinstrick genäht wurden, sehen meist besonders edel aus. Im Winter ziehen Frauen auch gern mal das eine oder andere Strickkleid an. Weniger bekannt ist beispielsweise Strick-Fleece. Während dieser Stoff auf der einen Seite wie Feinstrick aussieht, erinnert er auf der anderen Seite eher an einen angerauten Fleecestoff. Er eignet sich sehr gut für warme Pullover. Außerdem gibt es noch einen Strickstoff namens Bouclé, der sich durch die kleinen Knötchen auszeichnet. Wenn Sie elegante Jäckchen oder auch mal einen Minirock nähen möchten, können Sie gern zu Bouclé greifen.

Sweat

Während Jersey häufig für Sommerbekleidung zum Einsatz kommt, wird Sweat in den kühleren Monaten verstärkt eingesetzt. Im Vergleich zu Jersey rollt er sich zudem wesentlich weniger ein. Vor allem im Herbst kennen Sie sicher folgende Herausforderung: für den kuscheligen Wollpullover ist es noch zu warm, eine dünne Jacke hält jedoch der Witterung nicht stand. Hier kommt Sweat zum Einsatz, indem Sie sich beispielsweise einen aus diesem Stoff gefertigten Blazer überwerfen. Lassen Sie sich von dem Stoff jedoch nicht täuschen – es gibt auch Sommersweat, der erheblich dünner als die klassische Alternative ist, da er auf der Rückseite nicht angeraut wird. Dadurch ist er glatt und eignet sich unter anderem für leichte Shorts. Eine alternative Bezeichnung hierfür nennt sich auch French Terry. In der klassischen Version kennen Sie Sweat als Stoff, der innen sehr weich und wärmend ist.

WEITERE STOFFARTEN

Neben Webware und Maschenware gibt es weitere spezielle Stoffarten, die sich in keine dieser beiden Kategorien einordnen lässt. Dazu gehören beispielsweise Lederstoffe oder Alternativen zu Leder sowie beschichtete oder gefilzte Stoffe.

Beschichtete Baumwolle

Grundlegend handelt es sich um einen Baumwollstoff. Allerdings ist er auf der rechten Seite wasserabweisend beschichtet. Die Beschichtung kann sowohl dick als auch dünn sein und wahlweise glänzend oder matt. Wenn Sie sich ausprobieren möchten, können Sie Baumwolle, also Webware, auch eigenständig beschichten. Dazu können Sie Bienenwachs nutzen und erhalten so ein Bienenwachstuch – diese Tücher können Sie nutzen, um Nahrungsmittel frisch zu halten, ohne zu Frischhaltefolie greifen zu müssen.

Filz

Um Filz herzustellen, werden ungeordnete, nicht verwebte Fasern entweder nass oder trocken miteinander verfilzt. Grundlegend unterscheidet man in Wollfilz und Kunstfilz. Wollfilz besteht aus Naturfasern. Kunstfilz wird beispielsweise gern genutzt, um Stickereien anzubringen. Grundlegend können Sie mit beiden Varianten viele Bastelprojekte angehen.

Gekochte Wolle

Hierbei handelt es sich um einen Wollstoff, der bei heißen Temperaturen gewaschen wird. Das verändert seine Struktur, sodass er besonders schmutzabweisend ist und sich dadurch besonders gut für Mäntel oder Jacken eignet.

Korkstoff

Ähnlich wie beim Kunstleder hat auch Korkstoff eine Rückseite aus Gewebe und lässt sich dadurch sehr leicht verarbeiten. Außerdem handelt es sich um ein veganes Naturprodukt. Es eignet sich neben Taschen vor allem für Accessoires im Wohnbereich, wie beispielsweise Tischsets.

Leder

Leder ist ein Naturprodukt. Da es meistens sehr dick ist, lässt es sich nur schwer mit einer Nähmaschine verarbeiten – selbst dann, wenn Sie spezielle Ledernadeln nutzen. Meist wird aus Leder Taschen genäht. Dünneres Leder findet seinen Einsatz auch bei Babys für Schuhe, die sie anziehen können, solange sie noch krabbeln.

ReLeda

Hierbei handelt es sich um recyceltes Leder. Um es herzustellen, werden Reste aus der Möbel- oder Schuhindustrie geschreddert und anschließend mit Latex neu angepresst. Das Material wird dadurch wieder formstabil und lässt sich leichter vernähen als das Naturprodukt.

Kunstleder

Kunstleder ist die günstige Alternative zu echtem Leder. Tatsächlich handelt es sich lediglich um beschichtetes Gewebe. Außerdem gibt es Kunstleder in vielen verschiedenen Farben, Musterungen und Beschaffenheiten – von sehr geschmeidig bis hin zu steif und fest. Dadurch wird es in vielen Bereichen eingesetzt – lediglich die Nutzung in der Textilindustrie ist zumindest fragwürdig, da es nicht atmungsaktiv ist. Jedoch lässt es sich leichter verarbeiten als echtes Leder.

LKW-Plane

Sicherlich haben Sie auf der Autobahn schon einige LKW an sich vorbeifahren sehen – dabei werden Ihnen die riesigen Planen aufgefallen sein. Tatsächlich sind diese Planen etwa einen halben Zentimeter dick, mit

PVC beschichtet und sehr robust und reißfest. Das begründet seinen Einsatz für stabile Taschen oder Planen jeder Art.

PUL-Stoff

Dieser Stoff ist mit einem Material namens Polyurethan beschichtet, wodurch er wasserabweisend ist. Diese Stoffe werden meist nachträglich beschichtet, da so die Dehnbarkeit erhalten bleibt. Ursprünglich wurde PUL-Stoff für den medizinischen Bereich entwickelt, da er robust und strapazierfähig ist. In geringem Maß ist er zudem atmungsaktiv und behält diese Eigenschaften auch nach einer Vielzahl von Waschgängen bei. Seine Verwendung im alltäglichen Bereich sind beispielsweise bei Matratzenauflagen oder als äußere Lage für Stoffwindeln.

Stepper

Hierbei werden mehrere Lagen punktuell miteinander verbunden. Es kann eine tatsächliche Ober- und Unterseite geben – alternativ gibt es jedoch auch Stepper, bei denen die Oberseite lediglich mit einem dicken Vlies verbunden ist.

Taslan

Hierbei handelt es sich um technische Gewebe aus Kunstfasern – bekannt ist dieser Stoff auch als Tactel, Regenjackenstoff oder Outdoorgewebe. Durch die technische Herstellung werden spezielle Eigenschaften herausgearbeitet, wie beispielsweise die Beständigkeit gegen Wind und Regen.

Veganes Leder/SnapPapp/Kreativpapier

All diese Bezeichnungen stehen für den gleichen Stoff beziehungsweise eher eine vegane Kombination aus Papier und Stoff. Wenn Sie es sehen, wird es Sie an Papier erinnern – der Unterschied ist nur, dass es wasch- und knautschbar ist. Sie können es sehr leicht vernähen oder bedrucken und es dadurch sowohl für Taschen oder zum Hinterlegen von Ösen an Kleidungsstücken verwenden.

Wachstuch

Bei Wachstuch handelt es sich um einen Stoff, der sogar dicker als beschichtete Baumwolle und gleichzeitig vollständig wasserdicht ist. Die Rückseite dieses Stoffes kann entweder die Struktur eines lockeren Fadengewebes oder vliesartig sein. Wenn Sie beispielsweise Taschen mit viel Stand nähen möchten, können Sie zu Wachstuch greifen.

Wendestoff/Paillettenstoff

Dieser Stoff besteht meistens aus Tüll, auf dem Pailletten aufgenäht sind. Neben dieser Variante gibt es jedoch auch andere Webstoffe, die mit Pailletten verziert werden.

Wollwalk/Loden

Falls Sie davon noch nicht gehört haben – es handelt sich um einen wasserabweisenden und winddichten Stoff, der mittels einer speziellen Technik namens walken hergestellt wird. Beim Walken wird das Gewebe in Seifenwasser gedrückt und geknetet, bis keine Webstruktur mehr zu erkennen ist. Aus Walk werden entweder wärmende Mäntel oder Babyanzüge genäht, um kalter Witterung standzuhalten.

Nähmaschine oder Handstich

Wie Sie mittlerweile mit Sicherheit mitbekommen haben, können Sie entweder mit einer Nähmaschine oder auch per Hand nähen. Kostengünstiger ist definitiv das Nähen per Hand – bei den Maschinen gibt es mittlerweile gute und günstige Einsteigermodelle, allerdings sind sie in jedem Fall teurer als Nadel und Faden. Dennoch können Sie mithilfe einer Maschine schneller und flexibler arbeiten und eben auch richtige Kleidungsstücke anfertigen – das geht natürlich auch per Hand, dauert aber länger und wird unter Umständen nicht so sauber wie die technische Lösung.

VORTEILE DES HANDSTICHES

Wer hat sie nicht im Schrank? Die abgetragene Lieblingsjeans, die einen durch jede Kleidergröße hinweg begleitet und von der man sich einfach nicht trennen kann. Man zieht sie so oft es geht an – und eines Tages fliegt beim Schließen der Hose einfach der Knopf weg. Ausgesprochen ärgerlich. Jedoch möchte man sich, eben weil es das liebste Kleidungsstück ist, einfach nicht davon trennen. Was also tun?

Praktischerweise können Sie einen Knopf einfach und schnell wieder annähen. Jedoch hat niemand den Elan, wegen so einer kleinen Naht sofort die gesamte Nähmaschine zusammenzubauen – hier bietet sich der Handstich an, da Sie mit ihm wesentlich schneller und effektiver arbeiten können. Ein Handstich bei kleinen Reparaturarbeiten erspart Ihnen nicht nur den Aufbau der Maschine, sondern ermöglicht Ihnen meist auch ein genaueres Arbeiten und gibt Ihnen die Gelegenheit, die Naht unauffällig zu verstecken. Die Maschine erleichtert Ihnen viele Arbeiten – damit Sie mit den unterschiedlichen Stichen vertraut werden, ist es jedoch nötig, ab und an per Hand zu nähen. So verbessern Sie Ihr handwerkliches und technisches Geschick und können Ihre Fertigkeiten erweitern. Selbstverständlich gibt es neben den Handstichen auch die Arten, die Sie ohne eine Nähmaschine nicht hinbekommen werden. Je nachdem, welche Maschine Sie nutzen, haben einige davon automatisierte Programme und führen für Sie die Nadeln in den entsprechenden Geschwindigkeiten und Abständen.

DIE VERSCHIEDENEN HANDSTICHE UND STICHARTEN

Bei der Maschine müssen Sie lediglich einen bestimmten Knopf drücken oder an einem Rad drehen – schon arbeitet sie von ganz alleine mit dem gewünschten Stichmuster. Viele dieser Stiche lassen sich jedoch auch mit der Hand nähen. Grundlegend empfehle ich Ihnen lange und feine Nadeln, mit denen Sie sich flexibel durch den Stoff arbeiten können. Als Faustregel gilt jedoch Folgendes: je feiner der Stoff, desto feiner sollten Sie die Nadel wählen. Die Länge der Nadel definiert sich nach der gewünschten Stichlänge – das heißt, dass Sie für kurze Stiche auch kurze Nadeln nutzen sollten und umgekehrt. Den Nahtanfang können Sie mit einem Knoten am Ende des Fadens sichern. Um ihn am Ende ordentlich zu sichern, sollten Sie einige Rückstiche nutzen.

Die Nähte unterscheiden sich in sichtbar und nicht sichtbar. An Säumen oder Wendeöffnungen ist es beispielsweise immer mal wieder nötig, die Naht zu verstecken, um eine professionelle Arbeit zu erzielen. Mit etwas Übung können Sie selbst diese Stiche problemlos per Hand bewältigen.

Blindstich

Der Blindstich gehört zu den unsichtbaren Stichen. Er wird genutzt, um Säume, etwa an Oberteilen oder Röcken, unauffällig vernähen zu können. Da bei dieser Nahtform nur einzelne Gewebefäden von der Nadel erfasst werden, ist die Naht kaum sichtbar. Auch bei Futterstoffen oder zum Schließen von kleinen Öffnungen kommt der Blindstich oft zum Einsatz.

Je dünner der Stoff ist, desto feiner sollten Sie die Nadel wählen. Damit die Naht noch unauffälliger wird, sollten Sie außerdem ein Garn wählen, das in ähnlicher oder bestenfalls gleicher Farbe wie der Stoff ist, den Sie vernähen. Es gibt Nähmaschinen, die diesen Stich automatisch beherrschen – Sie riskieren jedoch, dass man die Naht dann von außen sieht. Beim Blindstich nähen Sie von rechts nach links mit einem Abstand der Einstiche von etwa einem Zentimeter.

Zuerst versäubern Sie die Saumkante und bügeln die Nahtzugabe hoch. Der Einfachheit halber sollten Sie mit wenigstens zwei Zentimeter Faden arbeiten. Nun stechen Sie immer abwechselnd in die Versäuberungsnaht des Saumes und des Stoffes. Im Optimalfall treffen Sie dabei jeweils immer nur ein bis zwei Gewebefäden. Außerdem dürfen Sie den Faden beim Nähen nicht zu festziehen, da man ansonsten die Einstiche zu sehr durch den Stoff sieht oder er Falten wirft. Diesen Vorgang wiederholen Sie, bis Sie am Ende angelangt sind. Anschließend vernähen Sie den Faden auf der Saumkante.

Eine Sonderform des Blindstichs ist der Hohlsaumstich. Auch er dient dem Zweck, eine unauffällige Naht auf der rechten Seite zu erzielen. Die Nadel wird hier immer ein kleines Stück hinter der letzten Austrittsstelle eingestochen. Dadurch entsteht eine gerade Naht.

Festonstich

Der Festonstich und der Knopflochstich werden häufig miteinander vertauscht – sie unterscheiden sich jedoch darin, dass beim Festonstich Schlingen und beim Knopflochstich kleine Knoten entstehen. Der

Festonstich wird auch als Schling- oder Langettenstich bezeichnet. Neben dem klassischen Handstich können Sie den Festonstich auch beim Sticken nutzen. Meist werden damit Stoffkanten verziert. Außerdem eignet er sich für das Versäubern der Nahtzugabe, ohne dass Sie zur Nähmaschine greifen müssen. Vor allem an Sommerschuhen wie Bündchensandalen oder auch Espadrilles finden Sie oft einen Festonstich. Um ihn erfolgreich anzuwenden, benötigen Sie neben einer Nadel vor allem ein relativ dickes Garn. Möchten Sie lediglich Zierstiche setzen, eignet sich auch Häkelgarn. Achten Sie bitte auch hier darauf, den Faden nicht zu fest zu ziehen, da sich andernfalls die Stoffkante einrollt oder sich der Stoff kräuselt. Die Länge der Naht und den Abstand zwischen den jeweiligen Stichen können Sie je nach Belieben selbst wählen.

Beim Festonstich nähen Sie von links nach rechts. Sie beginnen an einem Anfangspunkt und stechen von der linken auf die rechte Stoffseite durch den Stoff durch. Nun stechen Sie diagonal von links oben nach rechts unten zurück auf die linke Seite. Indem Sie den Faden lockerlassen, entsteht die klassische Schlinge. Anschließend folgt ein Stich von unten parallel nach oben – achten Sie darauf, dass Sie sich parallel auf der Höhe des ersten Einstiches befinden. Führen Sie den Faden auf die rechte Stoffseite und gehen Sie gleichzeitig von unten durch die anfangs entstandene Schlaufe. Indem Sie den Faden vorsichtig nach oben hin festziehen, entsteht eine Art Dreieck. Diesen Vorgang können Sie nun beliebig oft wiederholen.

Heftstich

Dieser Stich gehört zu der sichtbaren Variante und ist vor allem bei der Herstellung von Kleidung kaum wegzudenken. Heftstiche werden beispielsweise angewandt, um Schnittteile provisorisch miteinander zu verbinden. Hierfür gibt es speziellen Heftfaden, damit die nachfolgende Arbeit so genau wie möglich wird. Dieser Faden ist aus einem besonderen Material, sodass er besonders leicht reißt. Dementsprechend können Sie ihn problemlos entfernen, nachdem Sie die Schnittteile final miteinander befestigt haben. Außerdem können Sie den Heftstich als Hilfsmittel nutzen, wenn sich Ihr Stoff leicht kräuseln soll. Hierfür arbeiten Sie mit zwei parallelen Nähten und wählen Stiche mit großem Abstand. Das Schöne am Heftstich ist, dass Sie ihn auf allen Stoffen anwenden können. Damit Sie ihn von den anderen Nähten unterscheiden können, nutzen Sie am besten einen Faden, der in entgegengesetzter Farbe zum Stoff steht. Nun gehen Sie wie folgt vor: befestigen Sie zuerst den Fadenanfang locker auf der linken Seite des Stoffes. Die Nadel muss für den ersten Stich auf der rechten Seite sein. Nun stechen Sie die Nadel knapp neben der Linie, auf der Sie nähen, auf der linken Seite in den Stoff und anschließend einen Stich weiter wieder zur Oberfläche. Wichtig ist, dass Fadenaufsicht und Lücke gleich lang sind.

Hexenstich

Gerade dickere oder gestärkte Stoffe wie beispielsweise Leder oder Wolle mit Vlieseline sind deutlich aufwendiger zu vernähen als dünnere Materialien. Wenn Sie diese Stoffe unauffällig miteinander verbinden möchten, beispielsweise bei einer Handtasche, können Sie den Hexenstich, auch Kreuzstich genannt, nutzen. Außerdem ist er beim Verzieren von Bordüren, beim Vernähen von Stoffen, die Sie nicht bügeln können und jeder Form von elastischen Stoffen ausgesprochen hilfreich. Es gibt auch weitere Handstiche, wie beispielsweise den Staffierstich, den Sie hier nutzen könnten – allerdings ist er deutlich aufwendiger und komplexer, sodass Sie gerade als Anfänger eher zum Hexenstich greifen sollten.

Beim Hexenstich stechen Sie mit einer Nadel immer abwechselnd erst in die obere und anschließend in die untere Stofflage. Sie arbeiten dabei mit kleinen Rückstichen von links nach rechts. Sie sollten einen

Abstand von etwa einem halben Zentimeter zur versäuberten Kante halten. Nach diesem ersten Stich führen Sie Ihre Nadel um die gewünschte Länge des Stiches diagonal nach rechts unten, dabei stechen Sie durch einen oder zwei Gewebefäden. Um dem Namen zu entsprechen und sozusagen ein Kreuz anzufertigen, gehen Sie mit Ihrer Nadel und Faden wieder diagonal nach rechts oben.

Gehen Sie nun mit Nadel und Faden waagerecht von rechts nach links durch beliebig viele Gewebefäden. Zuletzt führen Sie den Faden von links oben diagonal nach rechts unten, stechen Sie wieder durch einen bis zwei Gewebefäden. Indem Sie den Faden nicht zu fest ziehen, vermeiden Sie, dass er sich durch den Stoff drückt. Außerdem sollten die Einstiche immer auf Höhe der darüber liegenden sein. Wenn Sie damit Ihre Schwierigkeiten haben, zeichnen Sie die Linien vor. Diese können Sie danach problemlos entfernen.

Ketteln

Das Ketteln beschreibt zwei verschiedene Vorgänge. Zum einen führt man hierunter die maschengerechte Verbindung von zwei Maschenwarenkanten, um eine elastische, nicht auftragende Naht zu erhalten. Außerdem wird hiermit aber auch das Einfassen von Stoffrändern, also das Versäubern, mit einem Stich senkrecht zur Stoffkante bezeichnet.

Eine gekettelte Naht finden Sie beispielsweise an Hemdkragen und den Verschlüssen der Fußspitze von Strümpfen oder Teppichen. Ketteln wird in Blindketteln und der Rosso-Naht als Sonderform unterteilt. Blindketteln ist sehr detailliert, weshalb Sie Schwierigkeiten haben, der Naht auch nur mit dem Auge zu folgen. Das liegt daran, dass jede Masche der Endreihe maschengerecht auf das Nadelbett aufgestoßen wird. Die Rosso-Naht ist deutlich einfacher. Hier werden die Stoffteile in doppelt zusammengelegtem Zustand zusammengenäht. Dadurch laufen Sie auch nicht Gefahr, Ketteln mit dem Kettenstich in der Stickerei zu verwechseln. In der Industrie werden Kettelmaschinen genutzt, um Ränder von Teppichböden mit Stoffrändern, Leder oder Garn zu umfassen. Das verhindert, dass die Teppichkanten ausfransen.

Kettenstich

Wenn Sie sich diese Naht anschauen, werden Sie an eine Kette erinnert. Die einzelnen Stiche werden zu einer Kette verbunden und begründen somit die Bezeichnung. Er eignet sich sehr gut für Rundungen und Umrandungen, da er sehr flexibel ist – grundlegend gilt er aber vor allem als Zierstich und wird häufig bei Stickereien eingesetzt. Insgesamt existieren viele verschiedene Möglichkeiten, diese Naht zu nähen. Die gängigste funktioniert wie folgt: Zuerst führen Sie die Nadel von der linken auf die rechte Stoffseite. Knapp neben Ihrem Einstich stechen Sie nun von oben nach unten. Anstatt den Faden festzuziehen, lassen Sie eine Schlaufe stehen. Nun stechen Sie von unten auf die rechte Stoffseite. Achten Sie darauf, dass sich dieser Stich innerhalb der Schlaufe befindet. Jetzt können Sie mit dem Faden die erste Schlaufe etwas festziehen. Stechen Sie erneut knapp neben dem Einstich und erschaffen Sie so die nächste Schlaufe. Wiederholen Sie den Ablauf bis zum Ende. Versuchen Sie darauf zu achten, dass die Schlaufen gleich lang und die beiden Einstiche immer jeweils auf einer Höhe sind. Als Hilfsmittel können Sie auch hier mit Kreide vorzeichnen.

Knopflochstich/Schlingenstich

Diesen Stich wenden Sie an, um Knopflöcher zu versäubern. Nutzen Sie als Faden entweder Knopflochseide oder Polyestergarn, da diese Fäden dicker und stabil sind. In jedem Fall nähen Sie hier von links nach rechts. Nachdem Sie den Faden verknotet haben, vernähen Sie den Faden auf der linken Stoffseite. Bringen Sie den Faden auf die rechte Seite und stechen Sie von oben durch den Stoff. Führen Sie die Nadel im gewünschten Abstand von oben nach unten durch den Stoff. Lassen Sie die Nadel im Stoff stehen und führen Sie beide Fäden von unten nach oben hinter der Nadel herum. Dabei bildet sich eine Schlaufe, durch die Sie nun den Faden führen müssen. Jetzt können Sie die Nadel aus dem Stoff nehmen und können den Faden festziehen. So erhalten Sie den typischen kleinen Knoten, der diese Stichform auszeichnet. Dieser Knoten liegt an der Öffnung beziehungsweise der Schnittkante. Wiederholen Sie diesen Stich bis zum Ende und vernähen Sie den Faden. Neben Knopflöchern können Sie mit diesem Stich auch Kanten von Decken oder Tüchern optisch ansprechend einfassen oder Patches anbringen. Neben der Versäuberung gilt er also auch der Zierde. Achten Sie jedoch darauf, dass alle Knötchen auf der gleichen Höhe liegen, damit der Stich am Ende auch ordentlich aussieht.

Leiterstich

Dieser Stich wird auch Matratzenstich, Zaubernaht oder unsichtbare Naht genannt. Es handelt sich um eine Nahtart, mit deren Hilfe Stoffteile von der rechten Stoffseite aus unsichtbar miteinander vernäht werden können. Nötig ist das beispielsweise bei Kuscheltieren oder Kissen. Seinen Namen verdankt der Leiterstich der Tatsache, dass die Fäden am Ende der Naht wie Sprossen einer Leiter aussehen. Durch ein Umklappen und anschließendes Vernähen der beiden Textilien werden die Stoffteile nach innen zusammengezogen. Das Ergebnis ist ein sauberer und gleichmäßiger Verschluss der Stoffteile.

Punktstich

Der Punktstich ähnelt dem Steppstich. Die typischen „Punkte", die bei dieser Handnaht entstehen, sind vor allem von den vorderen Kanten eines Sakkos bekannt. Auch hierbei handelt es sich um einen Zierstich. Viele Menschen nutzen ihn jedoch auch, um beispielsweise

Reißverschlüsse zu befestigen. Typisch für den Punktstich ist, dass Sie von der rechten Seite des Stoffes lediglich kleine Punkte sichtbar sind. Ihr Augenmerk sollte darauf liegen, dass die Punkte gleich groß sind, damit die Naht ordentlich aussieht. Auch hier können Sie sich die Linie wieder mit einem Marker vorzeichnen, damit die Punkte alle in einer Reihe sind.

Damit von außen lediglich die Punkte sichtbar sind, stechen Sie auch hier von links nach rechts. Anschließend gehen Sie minimal zurück und stechen so knapp wie möglich hinter dem Einstich auf die linke Stoffseite ein. Je nachdem, welchen Abstand Sie benötigen, führen Sie die Nadel um diese Länge weiter und stechen erneut von links nach rechts durch den Stoff und wiederholen den Vorgang bis zum Ende. Nun müssen Sie nur noch den Faden vernähen.

Rückstich

Mit einem Rückstich erzielen Sie eine etwa genauso feste Naht wie beim Steppstich – sie ist allerdings um einiges unauffälliger. Für einen Rückstich nähen Sie ebenfalls von rechts nach links. Zuerst vernähen Sie den Faden auf der linken Seite des Stoffes und bringen ihn auf die rechte Seite zurück. Nun gehen Sie um die von Ihnen gewählte Stichlänge zurück und stechen erneut auf die linke Seite des Stoffes. Mit der doppelten Stichlänge stechen Sie nun von unten nach oben auf der rechten Stoffseite. Gehen Sie mit der Nadel zurück zum Ende des vorherigen Stiches und stechen Sie in das bereits vorhandene Loch auf der linken Stoffseite ein. Diesen Vorgang wiederholen Sie bis zum Nahtende. Nun müssen Sie nur noch den Faden vernähen und haben es geschafft. Der Rückstich gilt als Untergruppe des Steppstiches, da sich das Nahtmuster sehr ähnlich sieht, wird dennoch gern einzeln aufgeführt.

Staffierstich

Wenn Sie Säume festnähen oder Innenfutter an Kleidung einnähen möchten, klappt das am besten mit dem Staffierstich. Dennoch sollten Sie das Futter oder den Saum vorher mit einer Nadel oder einem großen Heftstich befestigen, damit nichts verrutscht oder sich die Stofflagen verschieben. Beim Staffierstich spielt es übrigens keine Rolle, ob Sie von rechts nach links oder umgekehrt nähen. Außerdem zeichnet er sich durch kurze Stiche aus.

Stecken Sie zuerst das Ende des Fadens in die linke Stoffseite. Stechen Sie nun durch einen bis zwei Webfäden des oberen Stoffes, um die Nadel anschließend etwa einen halben Zentimeter durch die Futterkante zu schieben. Es wirkt nun so, als wäre die Naht nicht vorhanden. Nun führen Sie die Nadel aus dem Futter heraus und stechen erneut durch einen bis zwei Webfäden des Oberstoffes. Diesen Vorgang wiederholen Sie so lange, bis Futter oder Saum vollständig befestigt ist. Im Optimalfall ist die Naht dank dieser Technik kaum oder gar nicht sichtbar.

Den Staffierstich verwenden Sie ebenfalls, um eine einfache Naht zu vernähen. Diese Naht ist von der Außenseite nicht sichtbar. Unter Umständen benötigen Sie jedoch einen zweiten Arbeitsschritt, um die offene Stoffkante zu versäubern, da diese bei einer einfachen Naht nicht geschützt ist.

Steppstich

Mithilfe des Steppstiches können Sie zwei Stoffteile fest miteinander verbinden. Der Vorteil an diesem Stich ist neben dem gleichmäßigen Nahtbild an der Oberseite vor allem, dass er sehr belastbar ist. Beim Steppstich arbeiten Sie von rechts nach links. Sie nähen eine durchgehende und mit gleichmäßigen Abständen versehene Linie. Um das zu erreichen, stechen Sie die Nadel mit dem Faden ein und sichern Sie zuerst mit einem doppelten Stich. Nun treten Sie in gerader Linie zum Einstich nach etwa fünf Millimetern mit der Nadel wieder heraus. Fahren Sie fort, indem Sie den Faden nach dem Ausstich wieder an den vorhergehenden Stich heranführen. Die Methode ist zeitaufwendig, dafür erhalten Sie jedoch eine sehr stabile Naht.

Überwendlichstich

Auch hierbei handelt es sich um einen Stich, den Sie zur Versäuberung anwenden können. Er eignet sich vor allem für die Bereiche an Ihrer Kleidung, an die Sie schwer herankommen – durch diese schwer zugänglichen Stellen fällt er auch kaum auf. Das ist auch ganz gut, da er nicht besonders gut aussieht. Dafür lässt er sich sehr einfach und schnell nähen. Lassen Sie den Faden beim Überwendlichstich locker. Mithilfe von Schneiderkreide können Sie eine Kante parallel zur Nählinie ziehen, um eine gleiche Stichlänge zu erzielen.

Der Faden wird von der linken auf die rechte Stoffseite gebracht, damit die Stiche immer von hinten nach vorn verlaufen. Damit Sie das erreichen, legen Sie den Faden um die Stoffkante und führen Sie die Nadel von der linken Stoffseite auf gleicher Höhe des vorherigen Einstiches auf die rechte Stoffseite. Diesen Vorgang wiederholen Sie über die komplette Länge. Dadurch verläuft der Faden schräg über die Stoffkante. Am Ende vernähen Sie ihn auf der linken Seite.

NAHTFORMEN

Wie ich Ihnen bereits erklärt habe, bezeichnet der Begriff des Nähens ganz allgemein das Verbinden von zwei gleichen oder unterschiedlichen Stoffen mithilfe eines Fadens. Grundlegend gibt es jedoch unterschiedliche Möglichkeiten, diese Stoffe miteinander zu verknüpfen. Dank der hier eingeführten DIN-Norm sind diese Varianten auch sehr genau definiert. Bei den Nahtverbindungen wird zum einen das Stoß-an-Stoß-nähen, auch annähen genannt sowie das überlappende Nähen aufgeführt. Überlappendes Nähen nennt man auch durchnähen. Beide Techniken erlauben es Ihnen, ungleich lange Stoffe faltenlos zusammenzufügen.

Neben den zwei bekanntesten Formen gibt es jedoch auch noch charakteristische Nähte, die bei speziellen Eigenschaften der Stoffe zum Einsatz kommen. Hierunter fällt zum Beispiel die Wiener Naht oder der Saum.

Biese

Bei Biesen handelt es sich um schmal abgesteppte Falten. Der Faltenbruch liegt auf der rechten Stofffalte und wird flach umgebügelt. Üblicherweise sind Biesen zwischen einem Millimeter bis maximal einem Zentimeter breit. Sie dienen der Dekoration beziehungsweise dem Aufhübschen von Kleidungsstücken und Weißwäsche. Wenn ein Textil damit versehen ist, verlaufen normalerweise wenigstens drei Biesen parallel. Ebenfalls werden sie alle in die gleiche Richtung umgebügelt.

Neben dem dekorativen Einsatz können Sie Biesen auch verwenden, um die Breite eines Schnittteils so weit zu reduzieren, dass Sie es an ein schmaleres ansetzen können. Es ähnelt also dem Einreihen, wobei Sie hier den Vorteil haben, dass sich das breitere Schnittteil nicht sofort an der Naht aufbauscht. Das wäre der Fall, wenn Sie beispielsweise das vordere Teil einer Damenbluse an eine schmalere Rückseite annähen möchten. Bei Herrenhemden liegen Sie meist jeweils links und rechts neben dem Brustschlitz und öffnen sich unterhalb, um dem Bauch mehr Platz und Freiheit geben zu können.

Crochet/Spiegelnaht

Diese Naht finden Sie an klassisch geschnittenen Sakkos, Mänteln sowie Damenjacken. Sie verbinden den Kragen mit dem Revers. Bekannt wurde diese Nahtform in der Epoche des Biedermeiers. Zu dieser Zeit gaben sich die Schneider die größte Mühe, einen Crochet so auffällig wie möglich zu gestalten. Mittlerweile sind diese Nähte eher unauffällig und so unsichtbar wie möglich. Da die Stoffe an Kragen und Revers jedoch in unterschiedliche Richtungen verlaufen, ist es unmöglich, ihn gänzlich unsichtbar zu gestalten. Heute wird ein Revers üblicherweise mit einem gekreuzten Stich geschlossen.

Heutzutage wird dieser Nahtform nur noch wenig Beachtung geschenkt. Dennoch ist sie wichtig, da sie unsauber gearbeitet, sofort auffällt und somit das gesamte Textil qualitativ herabsetzt.

Stoß-an-Stoß-nähen

Wenn Sie zwei Stoffe auf diese Art und Weise miteinander verbinden, erzeugen Sie sogenannte Flachnähte. Das heißt, diese sind besonders hochwertig, da Sie eine geringe Nahtdicke haben. Meist werden diese Nähte mit Mehrnadelmaschinen mithilfe eines Oberlegefadens und kleinen Stichlängen produziert.

Wichtig ist hier vor allem der Abstand der Nahtlinien zum Stoffende. Um Stoffe so zu verknüpfen, müssen Nadel und Faden sehr präzise geführt werden. Wenn Sie keine stabile Kante zur Verfügung haben, bedienen Sie sich einer Kantenbeschneideeinrichtung – ohne konkrete Schnittkante werden Sie andernfalls Schwierigkeiten bekommen, hier präzise zu nähen.

Vom Stoß-an-Stoß-nähen gibt es eine Sonderform, die sogenannte Scharniernaht. Grundlegend wird sie überlappend genäht – die

Fadenmenge wird jedoch so eingebracht, dass „aufgeklappt" keine Überlappung und eine Flachnaht entsteht.

Wiener Naht

Die Wiener Naht kommt bei figurbetonten Oberteilen zum Einsatz. Sie dient außerdem nicht dem Verbinden zweier Stoffe, sondern gilt als Teilungsnaht, um einem Kleidungsstück Form zu verleihen. Meist beginnt Sie etwa 15 Zentimeter unterhalb der Schulternaht im Armausschnitt. Von diesem Punkt aus führt sie in einem Bogen entweder über die Brust oder das Schulterblatt bis hin zur Taille oder dem Saum des jeweiligen Textils. Wenn Sie eine Wiener Naht nutzen, können Sie auf Brustabnäher verzichten. Sie findet vor allem bei Damenblusen oder als Teilungsnaht im Rücken von Herrensakkos ihren Einsatz.

Überlappendes Nähen

Bei dieser Technik legen Sie zwei Stoffe überlappend aufeinander und nähen anschließend durch beide hindurch. Hierbei entsteht der Vorteil, dass die Naht stabiler ist als beim Stoß-an-Stoß-nähen. Außerdem sind sie einfacher herstellbar, das heißt auch für Anfänger besser geeignet.

Wenn Sie die Haltbarkeit noch zusätzlich erhöhen möchten, weil Sie beispielsweise eine Tasche anfertigen und wissen, dass Sie damit oft schwere Dinge transportieren, können Sie sowohl die Überlappungsbreite als auch die Anzahl der Überlappungen, Stiche und Nahtlinien erhöhen – je mehr Sie davon jeweils wählen, desto stabiler wird Ihr Textil im Gesamten. Relevant für die Stabilität sind außerdem die Stärke des Garns sowie die Fadenspannung. Sie müssen jedoch darauf achten, dass die überlappenden Stellen dicker sind als die Teile, die Sie miteinander verbinden möchten. Das kann unter Umständen als störend empfunden werden. Bekannt sind überlappende Nähte beispielsweise von Hosen –

hier finden Sie auch die typischste Form, die sogenannte Kappnaht. Hierbei handelt es sich um eine Schließnaht, bei der beide Stoffenden gegenläufig umgeschlagen werden. Das heißt, beide Schnittkanten befinden sich am Ende im Inneren des Gewebes. So sind die Kanten geschützt. Außerdem verhindert der umgelegte Stoff, dass die Fäden aus dem Stoffverbund herausgezogen werden können.

Überwendlingsnaht

Diese Naht wird mit einer bestimmten Nähmaschine hergestellt, nämlich der Overlock. Daher wird Sie alternativ auch als Overlocknaht bezeichnet. Bei dieser Nahtform werden zwei Stoffstücke mit mehr als zwei Fäden vernäht. Neben der Verbindung der Textilien wird die Naht so auch gleichzeitig versäubert. Obwohl Sie eine Maschine benötigen, haben Sie hiermit den Vorteil, nur einen Arbeitsgang für zwei eigentlich getrennte Vorgänge zu benötigen.

Die richtige Nähmaschine

Ich muss gestehen, bei der Wahl der richtigen Nähmaschine war ich anfangs völlig überfordert. Nadel und Faden zu besorgen und mir Stoffe auszusuchen, die mir gefallen, war alles ohne Weiteres möglich. Die Stiche konnte ich üben – ich wusste jedoch absolut nicht, was für Vor- und Nachteile die jeweiligen Nähmaschinen mit sich bringen. Aus meiner Kindheit erinnerte ich mich noch an die Maschine, die meine Oma immer genutzt hatte. Auch hier war mir aber nicht bekannt, um welche Variante es sich handelt.

Nahezu jeder Anfänger quält sich mit der Frage, welche Nähmaschine er sich für den Anfang zulegen sollte. Eine ungeeignete Maschine birgt das Risiko, schnell die Lust am Nähen zu verlieren – entweder weil die Bedienung zu kompliziert ist oder einzelne Komponenten nicht so funktionieren, wie Sie es sich vorgestellt haben. Deshalb möchte ich Ihnen die jeweiligen Vor- und Nachteile offenlegen, damit Sie es bei der Auswahl schlussendlich etwas einfacher haben.

MINDESTANFORDERUNGEN

Mittlerweile ist die Auswahl der unterschiedlichen Nähmaschinen so riesig, dass es keine universelle „richtig und falsch"-Lösung gibt. Unabhängig davon sollte jede Maschine, die Sie sich zulegen, jedoch einige Anforderungen erfüllen, damit Sie in jedem Fall zuverlässig arbeiten können. Auch wenn Sie sich eventuell eine gebrauchte Nähmaschine zulegen, sollten Sie darauf achten, ein Handbuch oder eine andere Art der Anleitung zu haben. Eventuell müssen Sie bestimmte Dinge nachlesen oder es geht etwas kaputt und Sie müssen es reparieren – dann ist es wichtig, zu wissen, wo sie was finden. Außerdem sollten Sie für den Anfang auf komplizierte und komplexe Anwendungsbereiche verzichten.

Entscheiden Sie sich stattdessen lieber für eine Maschine mit einfacher Handhabung. Wichtig sind folgende Eigenschaften: Sie müssen die Geschwindigkeit regeln können, die Maschine muss in der Lage sein, vorwärts und rückwärts zu nähen und sowohl den Geradstich als auch den Zickzackstich beherrschen.

DIE EIGENEN ANFORDERUNGEN ERMITTELN

Nur weil Ihr Nachbar eine Nähmaschine für 500 Euro besitzt, bedeutet das nicht automatisch, dass die gleiche Maschine auch für Sie selbst geeignet ist. Zuerst sollten Sie also herausfinden, worin Ihre eigenen Anforderungen bestehen. Je mehr Erfahrung Sie sammeln, desto einfacher wird es auch für Sie sein, Ihre Prioritäten zu ermitteln. Als Anfänger gibt es jedoch einige einfache Fragen, deren Beantwortung Ihnen die Entscheidung erleichtern wird.

Was möchten Sie nähen

Was soll es werden? Einfache Kleidung oder doch lieber Handtaschen aus Leder? Die unterschiedlichen Maschinen haben unterschiedliche Eigenschaften, die sich für die einen oder anderen Projekte entweder besser oder schlechter eignen. Selbstverständlich müssen Sie keine Angst davor haben, dass Sie dann für immer bei der gleichen Entscheidung bleiben müssen. Wenn sich Ihre Interessen ändern, können Sie im Zweifelsfall mit jeder Maschine alles nähen. Dennoch empfehle ich Ihnen, sich zuerst auf ein Gebiet zu spezialisieren, bevor Sie Ihre Fühler – oder Nadeln – in andere Richtungen ausstrecken.

Gerade Frauen fangen häufig an zu nähen, weil sie schwanger sind und Nachwuchs erwarten. Zum einen ist Babybekleidung sehr teuer, zum andren hat man ja schließlich zukünftig viel Zeit, da man sowieso zu Hause sitzt – warum also kein neues Hobby beginnen?

Babybekleidung ist aus elastischem und dehnbarem Stoff wie beispielsweise Jersey. Diese Stoffe lassen sich am besten mit einer ganz einfachen Nähmaschine in Kombination mit einer zusätzlichen Overlock-Maschine verarbeiten. Einfache Nähmaschinen haben den Vorteil eines verstellbaren Nähfußdrucks, der sich für Jersey besonders gut eignet.

Robustere Stoffe wie beispielsweise Jeans oder dicken Canvas, benötigen eine Nähmaschine mit ausreichend Leistung. Günstige Maschinen bekommen Stoffe wie Jeans meist noch gerade so verarbeitet, sind jedoch spätestens bei Leder restlos überfordert. Nichts ist beim Nähen anstrengender als eine Maschine, die permanent überlastet und ihre Tätigkeit verweigert. Meine Oma pflegte gern das Lebensmotto „Wer billig kauft, kauft doppelt" - in diesem Fall hat sie mit ihrer Aussage sogar recht gehabt.

Möchten Sie hingegen Textilien wie Patchwork-Decken oder Quilte nähen, benötigen Sie eine Maschine mit großem Durchlass - immerhin müssen Sie zum Teil riesige Stoffstücke hindurch schieben. Ich kann Ihnen eine Sache versichern - Komfort ist beim Nähen unwahrscheinlich wichtig. Dafür reicht es schon, wenn Sie sich keine Gedanken darüber machen müssen, wie Sie Ihre Stoffe am besten von links nach rechts geschoben bekommen.

Wenn Sie sich noch nicht so wirklich überlegt haben, was Sie nähen möchten, ist das auch nicht weiter schlimm. Es gibt auch viele universelle Nähmaschinen. Sie sind nicht auf eine bestimmte Sache spezialisiert, sondern bieten Ihnen die Möglichkeit, Ihre Stärken und Schwächen kennenzulernen.

Größe der Nähmaschine

Gerade am Anfang Ihrer Laufbahn als Näher oder Näherin werden Sie anstatt eines Nähzimmers wohl eher den Küchen- oder

Wohnzimmertisch benutzen. Ich bin beispielsweise immer etwas faul, was aufräumen angeht – für mich war daher eine kompakte Nähmaschine wichtig. Sie erlaubte es mir, sie unauffällig in einer Ecke zu verstauen, ohne sie ständig auf- und abbauen zu müssen. Außerdem gibt es für diese kompakten Maschinen stabile Kästen, die Sie darüberstülpen können und sie so vor Schmutz und Beschädigung beim Verräumen schützen. Dennoch empfehle ich Ihnen, sofern es der Platz in Ihrem Zuhause zulässt, einen separaten Tisch für die Nähmaschine anzuschaffen und ihn an einer günstigen Stelle zu platzieren. Dadurch werden Sie die Maschine deutlich öfter nutzen, als wenn Sie sie erst jedes Mal aus einer Ecke hervorholen oder gar zusammenbauen müssen.

Lautstärke der Nähmaschine

Wie bei allen elektrischen Geräten gibt es auch Nähmaschinen, die wahlweise lauter oder leiser sind. Wenn Sie beispielsweise ein Kind haben und sich während der Mittagsruhe mit nähen die Zeit vertreiben möchten, können Sie beim Verkäufer um ein besonders leises Modell bitten. Das Fachpersonal wird Sie dementsprechend beraten. In einem „normalen" Mietshaus ist die Lautstärke mehr oder weniger gleichgültig und lediglich vom persönlichen Empfinden abhängig.

Welches Budget steht Ihnen zur Verfügung?

Schlussendlich und trotz allem Für und Wider entscheidet final doch Ihr Geldbeutel, welche Maschine Sie sich ins Wohnzimmer stellen. Dennoch bitte ich Sie gerade hier darum, keine übereilte Entscheidung zu treffen. Eine günstige Nähmaschine klingt für den Anfang selbstverständlich verlockend – denn stellen Sie nach einigen Wochen fest, dass Sie sich doch nicht dafür begeistern können, ärgern Sie sich nicht darüber, unnütz viel Geld ausgegeben zu haben. Unter Umständen könnte aber genau diese Kostenersparnis dafür sorgen, dass Sie den Spaß an diesem abwechslungsreichen Hobby verlieren. Lässt sich Ihre Nähmaschine nicht ordentlich bedienen oder zusammenbauen oder wird die Naht unsauber, ist das ärgerlich und wird Ihnen die Freude nehmen. Zu preiswerte Nähmaschinen haben außerdem den Nachteil, dass sie sich schwieriger reparieren lassen. Markengeräte haben nahezu uneingeschränkt Ersatzteile vorrätig – beim Import aus den asiatischen Ländern wird das schon eher schwierig. Vorsicht auch bei der Nähmaschine, die Sie im Keller Ihrer Großmutter gefunden haben. Bekannterweise halten diese alten Geräte gefühlt ewig. Sollte jedoch dennoch mal etwas kaputt gehen, werden Sie auch hier nur schwer an Ersatzteile kommen. Neu erworbene Nähmaschinen sind, jedenfalls bei den hochwertigen Herstellern, mit einer Garantie verbunden. Das erspart Ihnen im Zweifelsfall jede Menge Zeit und Nerven.

Komfort und Bequemlichkeit

Komfort und Preis gehen meist Hand in Hand. Das bedeutet, dass Sie mehr Luxus genießen, je mehr Geld Sie investieren. Haben Sie mit dem Nähen per Hand begonnen, wird Ihnen vermutlich jede Nähmaschine luxuriös vorkommen. Bedenken Sie jedoch, dass Sie sich sehr schnell an diesen Luxus gewöhnen werden und sicher enttäuscht sind, wenn Sie bereits mit kleineren Arbeiten an die Grenzen Ihrer Maschine gelangen. Es macht einen enormen Unterschied, ob Sie nun zehn oder dreißig Minuten benötigen, um Ihre Nähmaschine zusammenzubauen. Ich persönlich empfinde beispielsweise automatische Einfädler als besonders hilfreich, da ich mich bereits als Kind regelmäßig damit herumgeärgert habe, den Faden durch die Öse zu fädeln.

Was für Sie im Einzelnen wichtig ist, können Sie natürlich nur selbst wissen. Im Zweifelsfall bringen Ihnen Tausende Zierstiche nichts, wenn die Maschine die zugrunde liegenden Arbeiten nicht zuverlässig erledigt.

Wie gesagt – am Ende können Sie nur eigenständig entscheiden, was für Sie jeweils wichtig ist. Ich persönlich nähe überwiegend Kleidungsstücke oder kleinere Dekorationsartikel wie Tischdecken. Ansonsten erfüllt das Nähen für mich einen eher praktischen Zweck – etwa um Jacken oder Hosen zu reparieren, Kleidung einzukürzen oder Vorhänge umzunähen. Meine wichtigsten Helferlein sind vor allem der automatische Einfädler und das automatische Vernähen. Letzteres schützt mich davor, dass all meine Nähte früher oder später wieder aufgehen. Außerdem bevorzuge ich Maschinen, die eine Art Warnsystem für den Unterfaden haben. Das bedeutet, dass ich mit einem akustischen Signal davor gewarnt werden, dass dieser Faden am Ende ist und ausgetauscht werden muss.

DIE OVERLOCK-NÄHMASCHINE

Während unserer gemeinsamen Reise durch die Welt des Nähens werden Ihnen vor allem zwei Begriffe immer wieder aufgefallen sein. Die Overlock und die Coverlock. Hierbei handelt es sich um zwei Nähmaschinenarten, die sich durch spezielle Eigenschaften besonders auszeichnen und so von der Masse abheben. Die Overlockmaschine näht einen Stoff mit dem speziellen Overlockstich zusammen, versäubert die Naht und schneidet den Faden anschließend präzise ab.

Das spart Ihnen vor allem Zeit und erlaubt es Ihnen, professionelle Nähte herzustellen. Ursprünglich wurde die Overlock vorwiegend in der Industrie genutzt. Obwohl man sie mittlerweile in den meisten Haushalten findet, kann sie die klassische Nähmaschine dennoch nicht ersetzen. Das liegt daran, dass viele alltägliche Näharbeiten wie das Annähen von Knöpfen mit dieser Maschine nicht zu bewerkstelligen sind. Sie eignet sich jedoch ideal für Stoffkanten, da sie diese schneller und genauer bearbeiten kann als der klassische Vergleich.

Auch bei dehnbaren Stoffen wie Jersey erleichtert Sie Ihnen die Arbeit ungemein. Üblicherweise ist eine Overlock mit mindestens drei Fäden ausgestattet. Abhängig vom Modell können mit dieser Maschine jedoch Sticharten mit zwei bis fünf Fäden erstellt werden. Sie näht mit einer oder zwei speziellen Overlock-Nadeln. Die Menge der Nadeln ist davon abhängig, ob Sie eine breite oder eine sehr schmale und zierliche Naht benötigen. Die Nadeln sind speziell für diese Maschine gedacht. Das liegt daran, dass die Maschine mit besonders hoher Geschwindigkeit arbeitet – damit die Nadeln der Menge an Stoff und dem Tempo standhalten können, müssen sie besonders stabil sein. Außerdem haben sie eine längere Kehle und sind meist mit Chrom überzogen, um sie zusätzlich stabil zu machen. Mit diesen Nadeln in Kombination arbeiten die so genannten Greifer – einen Ober- und einen Untergreifer. Diese umschlingen sozusagen gemeinsam die Stoffkante.

Zudem finden Sie an der Overlock zwei Messer – ein oberes und ein unteres. Hiermit werden die Stoffkanten präzise abgeschnitten, bevor sie dann von den Fäden umschlungen werden. Das obere Messer ist beweglich. Die meisten Maschinen erlauben es Ihnen, das obere Messer zu deaktivieren. So können Sie Stoffe bearbeiten, ohne sie dabei sofort abschneiden zu müssen. Um die unterschiedlichen Nahtarten erstellen zu können, besitzt eine Overlock zu dem eine oder zwei Nadeln und einen oberen sowie einen unteren Greifer.

Ein weiteres besonderes Merkmal der Overlock ist der so genannte Differentialtransport. Das bedeutet, dass die Stoffe gleichmäßig transportiert werden, ohne dass sie dabei gedehnt werden müssen. Außerdem ist die Maschine in der Lage, Stoffe in einem Schritt zusammenzunähen und zu versäubern – im Endergebnis sieht die Naht dann besonders professionell aus. Durch diese Technik nähen Sie mit enormer Geschwindigkeit. Vergleichen können Sie die Overlock mit einer Padmaschine zum Kaffee kochen.

Ihren Kaffee erhalten Sie so deutlich schneller, als wenn Sie jeden Arbeitsschritt mit der Filtermaschine einzeln vornehmen müssen. Sie sparen sich Filter einlegen und Pulver auffüllen, da die Pads alles für Sie bereithalten. Außerdem können Sie neben schwarzem Kaffee auch extravagante Dinge wie Latte macchiato oder Cappuccino produzieren – die Padmaschine ist sozusagen die Overlock der Kaffeewelt. Neben klassischen Nähten und Säumen wird Ihnen hiermit beispielsweise auch ein schmaler Rollsaum, wie Sie ihn an Röcken benötigen oder eine Flatlock-Naht gelingen.

Dennoch sollten Sie zwingend beachten, dass eine Overlock keine klassische Nähmaschine ist. Sie können damit an Rändern entlang nähen und diese so versäubern. Quer über den Stoff oder Knöpfe anzunähen funktioniert mit dieser Maschine nicht. Nutzen Sie die Coverlock stattdessen als sehr effizientes Hilfsmittel.

Die Overlock-Naht

Wie Sie sich sicher vorstellen können, näht die Overlock aufgrund Ihrer speziellen Eigenschaften auch mit einer besonderen Naht. Sie zeichnet sich dadurch aus, dass sich der Obergreiferfaden mit dem Untergreiferfaden um die Stoffkante herum verschlingt. Die zwei Stoffstücke werden dementsprechend mit einer Überwendlingsnaht mit mehr als zwei Fäden vernäht. Das wird anschließend von den Nadelfäden fixiert. Dadurch entstehen Stoffkanten, die nicht ausfransen können und bereits gut versäubert sind. Die Schlingen der Greiferfäden haben außerdem ausreichend Spiel, um beim Dehnen des Stoffes etwas nachgeben zu können. Deshalb werden vor allem dehnbare Stoffe wie Jersey, Samt, Sweat oder andere Maschenwaren häufig mit einer Overlock versäubert.

Je nachdem, wie viele Nähte eingesetzt werden, erfüllen die Stiche unterschiedliche Funktionen. Zuerst gibt es den sogenannten Doppelkettenstich. Er besteht aus zwei Fäden und sieht von oben aus wie eine

Naht aus der klassischen Nähmaschine, die mit Geradstich gestochen hat. Von unten betrachtet würden Sie eher an einen Kettenstich denken. Der Doppelkettenstich wird zum Zusammennähen von festen Stoffen wie beispielsweise Jeans verwendet. Außerdem können Sie diesen Stich auch als Ziernaht nähen.

Die Safetynaht wird hingegen aus zwei getrennten Nähten angefertigt. Zur Haltbarkeit setzen Sie die zweifädige Doppelstichnaht. Anschließend folgt eine zwei- oder dreifädige Versäuberungsnaht für die Kanten.

Die klassische zweifädige Naht wird heutzutage kaum noch verwendet. Das liegt an ihrer Haltbarkeit – drei oder vier Fäden sind in Summe einfach robuster und stabiler. Dreifädige Nähte werden außerdem genutzt, um wenig beanspruchte Schließnähte zusammenzunähen. Das trifft beispielsweise auf die seitlichen Nähte von Blusen und Hemden oder Poloshirts zu.

Mit drei Fäden können Sie eine Flatlocknaht anfertigen. Diese wird entweder an einer Falte oder als Verbindungsnaht eingenäht. Durch eine Veränderung in der Fadenspannung entsteht sie meist gemeinsam mit Ziernähten. Auch der Rollsaum ist dreifädig. Er findet bei allen dünnen oder feinen Stoffen Anwendung wie Seidenschals oder auch beim unteren Abschluss von Brautkleidern.

Um Stoffkanten zu versäubern, beherrschen die meisten Maschinen mittlerweile ein Programm für die sogenannte imitierte Sicherheitsnaht. Hierbei werden elastische oder besonders grobe Stoffe in einem Arbeitsschritt vernäht und gleichzeitig versäubert. Durch den rechten Nadelfaden wird automatisch eine Sicherheitsnaht angefertigt.

DIE COVERLOCK NÄHMASCHINE

Die meisten Aufgaben, denen die Overlock nicht gewachsen ist, werden mit der sogenannten Coverlock Maschine bewältigt. Seitdem Sie nähen, haben Sie sich doch mit Sicherheit schon einmal die T-Shirts angesehen, die Sie im Laden kaufen. Die Overlock-Nähte sollten Sie nun erkennen können – jedoch auch, dass Sie weitere anders gefertigte Nähte finden. Sie sehen beinahe so aus, als wären Sie mit einer Art Zwillingsnadel genäht worden. Drehen Sie den Stoff jedoch auf links, werden Sie doch wieder an eine Overlock-Naht erinnert. Nun, diese Nähte entstehen mit der Coverlock.

Diese Maschine können Sie multifunktionell einsetzen. Zum einen nähen Sie damit dehnbare Säume. Haben Sie das passende Equipment, können Sie sogar Kanten, wie Sie sie am Ausschnitt von Oberteilen finden, einfassen. Diese Aufgaben können Sie grundlegend auch mit „normalen" Nähmaschinen erledigen. Das ist jedoch umständlicher und die Nähte sind nicht so dehnbar, als wenn Sie sie mit der Coverlock angefertigt haben. Wenn Ihnen am Saum einer Leggings regelmäßig die Naht aufreißt, wurde sie höchstwahrscheinlich nicht mit einer Coverlock genäht.

Dennoch ersetzt auch eine Coverlock keine klassische Nähmaschine. Mit einer Coverlock können Sie weder Stoffe schneiden noch sie versäubern – dazu benötigen Sie eine Overlock. Mit keiner der beiden Maschinen werden Sie in der Lage sein, alle alltäglichen Nähaufgaben wie beispielsweise Abnäher zu bewältigen. Sie dienen eher als Erweiterung Ihres Nähhaushaltes.

Eine Coverlock kann mit zwei oder drei Nadeln nähen. Genau wie bei der Overlock finden Sie auch hier einen Greifer. Der Vorteil: wenn Sie keinen automatischen Einfädler haben, gestaltet sich dieser Vorgang bei der Coverlock deutlich einfacher, da das Innere dieser Maschine nicht so kompliziert aufgebaut ist. Grundlegend verkettelt auch diese Maschine die Fäden miteinander.

Das macht sie allerdings nur auf der linken Stoffseite. Auf der rechten Stoffseite finden Sie stattdessen parallel gesetzte Stiche vor. Beim

Nähen mit der Coverlock unterscheiden Sie zwischen zwei Nahtarten: der zweifach und der dreifach Covernaht. Bei der Zweifachnaht werden zwei Nadeln und drei Fäden, zwei Ober- und ein Unterfaden, angewandt. Der Vorteil dieser Naht liegt darin, dass Sie bei Bedarf die Breite des Stiches durch die Position der Nadel variieren können. Indem Sie die Nadeln dichter zusammensetzen, wird die Naht schmaler und umgekehrt. Die Breite erkennen Sie vor allem an der unteren Covernaht. Bei der Dreifachnaht sind es dementsprechend drei Nadeln und vier Fäden. Diese werden jedoch nicht gleichmäßig aufgeteilt. Stattdessen näht die Maschine mit drei Ober- und einem Unterfaden.

Ähnlich wie bei der Overlock benötigen Sie auch hier spezielle Nadeln. Außerdem müssen Sie beim Garn beachten, dass Sie auch in diesem Fall mehr benötigen als bei der klassischen Nähmaschine. Bauschgarn ermöglicht es Ihnen beispielsweise besonders weiche Säume für Unterwäsche oder Badebekleidung anzufertigen.

Wie bereits angedeutet, können Sie mit der Coverlock auch Kanten einfassen. Dazu benötigen Sie entweder in Streifen geschnittene Bündchen oder Jersey oder auch Schrägband. Dank der Führung im Bandeinfasser brauchen Sie keine Sorge tragen, dass die Naht am Ende Makel aufweist. Je nachdem, welches Modell Sie haben, finden Sie hierfür verschiedene Bandeinfasser in unterschiedlichen Breiten. Diese werden entweder einmal, also nur auf der Vorderseite oder zweimal, also auf Vorder- und Rückseite, das Band einschlagen und um die Kante legen.

Eine Coverlock-Maschine benötigen Sie vor allem dann, wenn Sie viel Kleidung nähen und auf stabile, dehnbare Nähte Wert legen. Gerade wenn Sie Ihren Schwerpunkt auf Babybekleidung legen möchten oder es bereits getan, sich jedoch immer mit Säumen herumgequält haben, rate ich Ihnen zu dieser Investition.

DIE RICHTIGE NADEL

Während Cover- und Overlock-Maschinen ihre eigenen speziellen Nadeln benötigen, erwartet Sie bei dem klassischen Modell für den Alltag eine riesige Flut an speziellen Nadeln. Nichts ist ärgerlicher, als wenn Ihre Maschine beim Nähen Stiche auslässt oder den Stoff sozusagen auffrisst. Meist darf man sich dann anhören, dass das alles an der falschen Nadel liegt und dass Nadel nicht gleich Nadel ist. Doch woher sollen Sie gerade als Anfänger wissen, welche Nadel für welche Maschine und welchen Stoff geeignet ist – und was bedeuten überhaupt die Zahlen auf den Verpackungen? Keine Sorge, mit ein paar einfachen Tricks werden Sie bald den Weg durch den Urwald des Nadeldickichts finden.

Bevor Sie beginnen, müssen Sie zuerst herausfinden, welche Nadel sich überhaupt für Ihre Maschine eignet. Die meisten Maschinen haben Nadeln im Zubehörset – diese müssen Sie jedoch früher oder später austauschen und sind dann möglicherweise ratlos. Lesen Sie sich die Bedienungsanleitung Ihrer Nähmaschine durch. Hier werden Sie meist fündig. Außerdem empfehlen die Hersteller Ihnen auch oft Nadeln – sowohl für die Maschine als auch für den Stoff, den Sie gerade nähen möchten. Dennoch kann ich Ihnen eine Faustregel verraten: die Dicke der Nadel muss zur Dicke des jeweiligen Stoffes passen. Jersey ist beispielsweise ein dünner Stoff, der mit einer 60er oder 70er Nadel genäht werden muss. Bei einem dicken Stoff können Sie auch ruhig einmal auf eine 100er Nadel zurückgreifen.

Außerdem können Sie sich eine Sache grundlegend merken: Nähnadeln haben eine Überlebensdauer von etwa acht bis zehn Nähstunden. Haben Sie währenddessen jedoch einen sogenannten Nähunfall – das heißt, wenn Sie versehentlich einen Reißverschluss oder eine Stecknadel beim Nähen erwischen – müssen Sie sie in jedem Fall austauschen.

Um grundlegend zu erkennen, welche Nadel wofür geeignet ist, können Sie zudem die farblichen Markierungen nutzen. Üblicherweise finden Sie davon zwei Stück an jeder Nadel. Die obere Farbe zeigt Ihnen, für welches Material die Nadel genutzt wird. Orange steht beispielsweise für Jersey, während braun für lederähnliche Materialien wie Kork oder Kunstleder oder auch echtes Leder geeignet ist. Mithilfe der unteren Markierung erkennen Sie die Stärke der Nadel. Stärke bedeutet hier die Dicke der Einstichstelle im Stoff. Eine 75er Stärke ist rosa, eine 80er ist orange. Die 90er Stärke ist blau, die 100er lila und die Stärke 110 gelb. Haben Nadeln keine Farbmarkierung, handelt es sich um Universalnadeln. Aber Achtung: Diese Markierungen gelten für die Nadeln der Firma Schmetz. Andere Hersteller nutzen unter Umständen andere Farben. Prüfen Sie hier bitte im Zweifelsfall mit einer Lupe die jeweiligen Markierungen.

Was bedeuten nun noch die Zahlen und Buchstaben auf den Nadelpackungen? Meist steht darauf entweder 130/705 oder 15x1H. Nadeln mit diesen Markierungen sind für den Einsatz auf einer Haushaltsnähmaschine geeignet. Oben auf der Verpackung stehen zuerst die Art der Nadel und der Stoff, für den sie geeignet sind. Unter der Eignung für die jeweilige Maschine finden Sie außerdem die Bezeichnung für Nadelabstand (bei Zwillings- oder Drillingsnadeln) und Nadelstärke.

Nadelsysteme bei Nähmaschinennadeln

Grundlegend wird bei Nähmaschinennadeln zwischen zwei Systemen unterschieden: Flachkolben und Rundkolben. Üblicherweise wird mit Flachkolben-Nähmaschinennadeln genäht. Sie erkennen sie an der flachen Rückseite, die bei Nähmaschinen mit seitlich eingesetzter Spulenkapsel zur rechten Seite hin zeigt. Wird die Unterfadenspule von oben oder von vorne eingesetzt, zeigt die flache Seite der Nadel nach hinten. In der Industrie, bei älteren Maschinen und auch bei der Coverlock kommen hingegen Rundkolben zum Einsatz. Das jeweilige Nadelsystem ist ebenfalls auf der Verpackung der Nadel aufgedruckt. Flachkolbennadeln kennen Sie unter der Bezeichnung, die Sie bereits gelesen haben, also 130/705H. Rundkolben werden hingegen mit 287WH/1738 beziffert.

Arten von Nähmaschinennadeln

Die nun folgenden verschiedenen Nadeln unterscheiden sich je nachdem, welche Stoffe sie vernähen möchten. So müssen Sie nur noch nachprüfen, ob sich die jeweilige Nadel auch für Ihre Maschine eignet. Ganz klassisch gibt es natürlich Universalnadeln. Diese können Sie für alle gewebten Stoffe einsetzen, am besten eignen sie sich jedoch für feine bis mittlere Baumwollwebstoffe. Sie zeichnet sich dadurch aus, dass die Spitze leicht abgerundet ist. Außerdem haben diese Nadeln keine bestimmte Farbmarkierung.

Doppelöhr-Nadel

Diese Nadel erkennen Sie daran, dass sie – wie es der Name schon sagt – zwei Öhre hat. Hin und wieder möchten Sie gerade bei Zierstichen besondere Farbeffekte erhalten. Diese Nadel erlaubt es Ihnen, zwei Farben gleichzeitig zu vernähen. Die Anordnung der Öhre legt dabei fest, welche Farbe oben und welche unten liegt.

Jeansnadel

Neben Jeans können Sie diese Nadel auch bei allen anderen sehr robusten Stoffen verwenden. Durch die mittlere Kugelspitze dringt sie leichter durch den festen Stoff, ohne dabei das Gewebe zu beschädigen. Der Schaft der Nadel ist zusätzlich verstärkt, damit sie nicht verbiegt oder sogar bricht. Dennoch ist sie nicht unzerstörbar. Jeansnadeln eignen sich für Canvas und ähnlich gewebte Stoffe. Sie sind mit einer blauen

Farbmarkierung und mit der Bezeichnung 130/705H-J versehen. Bei den Nadelstärken können Sie von 70 bis 110 wählen.

Jerseynadel

Für gewirkte Stoffe nutzen Sie bitte die Jerseynadel. Sie hat eine stark abgerundete Spitze, damit die Fasern des Stoffes beim Einstechen weder verdrängt noch verletzt werden. Dadurch bilden sich keine Laufmaschen und die Struktur des Stoffes bleibt erhalten. Jerseynadeln werden unter der Bezeichnung 130/705H-SUK geführt. Das „H" steht für Hohlkehle, „SUK" bedeutet mittlere Kugelspitze. Die Nadeln gibt es von den Nadelstärken 70 bis 100.

Ledernadel

Diese Nadel ist besonders spitz – das liegt an der so genannten Dreikantschneidspitze, die es möglich macht, durch das dicke Leder dringen zu können. Nutzen Sie sie also auf keinen Fall für Web- oder Strickwaren, da die Spitze hier das Material zerstören würde. Auch Kunstleder soll nicht mit dieser Nadel genäht werden. Hierfür eignet sich die Microtexnadel. Wenn Sie Leder vernähen, müssen Sie auf Sauberkeit achten. Müssen Sie die Nähte nachfolgend auftrennen, bleiben sichtbare Einstichstellen. Ledernadeln finden Sie unter der Bezeichnung 130/705H-LL und Nadelstärken zwischen 70 bis 120. „LL" steht für Lederlinksspitze.

Metallicnadel

Wenn Sie in modernen Textilien immer wieder farbliche, glänzende Komponenten finden, handelt es sich heutzutage um Metallicgarn. Dieses Garn muss mit einer separaten Nadel vernäht werden, deren Öhr sehr lang ist. Das verhindert, dass das Garn immer wieder abreißt – es ist nicht besonders stabil und flexibel, was die jeweiligen Nadeln notwendig macht.

Microtexnadel

Immer wenn feine oder dicht gewebte Stoffe vernäht werden müssen, benötigen Sie diese Nadel. Sie zeichnet sich durch eine besonders feine und schlanke Spitze aus. Sie kommt zum einen bei besonders feinen und dichten Stoffen wie Seide, Futterstoffen oder Viskose zum Einsatz. Gleichzeitig findet Sie jedoch auch bei beschichteten Materialien wie Softshell, Kunstleder, Wachstuch oder Folien ihren Einsatz.

Die Farbmarkierung für diese Nadeln ist lila. Außerdem finden Sie sie unter der Bezeichnung 130/705 H bis M. „M" steht an dieser Stelle für Microtex. Bei der Nadelstärke können Sie zwischen 60 bis 110 NM wählen.

Nachstich-/Topstichnadel

Die Nachstichnadel zeichnet sich vor allem durch ein besonders langes Nadelöhr aus. Deshalb eignet sie sich für dicke Garne. Auch Ziergarne lassen sich mithilfe dieser Nadeln am besten vernähen.

Stretchnadel

Eine Stretchnadel ähnelt auf den ersten Blick der Jerseynadel, weist aber dennoch Unterschiede auf. Im Gegensatz zu der abgerundeten Spitze finden Sie hier eine Kugelspitze vor – diese ist mit bloßem Auge jedoch schwer zu erkennen. Durch diese Kugel eignet sie sich jedoch noch besser, wenn es um das Verdrängen der Maschen von elastischen Stoffen geht. Zudem hat diese Nadel eine sogenannte Hohlkehle, also eine kleine Einkerbung unterhalb des Nadelöhrs. Die Hohlkehle hält den Faden in Position. Nutzen Sie die Nadel bitte für Lycra, Fleece oder Viskosejersey.

Stretchnadeln erkennen Sie an einer gelben Farbmarkierung. Die Kurzbezeichnung lautet 130/705 H bis S – „S" steht für Stretch. Als Nadelstärken stehen Ihnen 65, 75 und 90 zur Verfügung.

Super Stretchnadel

Im Vergleich zur klassischen Stretchnadel haben Sie hier ein verbreitertes Öhr und eine verbreiterte Fadenrinne. Das heißt, dass Sie mit dieser Nadel ohne Weiteres dickere Fäden vernähen können. Diese Nadel eignet sich für elastische oder hochelastische Maschenware. Außerdem können Sie damit T-Shirtstoff, Lycra, Seidenjersey, Nicki, Feinjersey und Baumwollstrickstoffe vernähen.

Super Universalnadel

In Erweiterung hierfür gibt es die sogenannte Super Universalnadel. Hin und wieder müssen Sie klebende Stoffe vernähen – etwa einen Reißverschluss, der zusätzlich mit Wondertape fixiert wurde oder selbstklebende Elemente wie Klettband. Diese Nadeln haben eine besonders gleitfähige Antihaftbeschichtung. Sie sorgt dafür, dass kaum Klebereste an der Nadel haften bleiben. Das minimiert die Wahrscheinlichkeit, dass Ihnen der Faden reißt oder Fehlstiche entstehen. Der Schaft dieser Nadel ist verdickt, sodass sie damit auch dickere Stoffe vernähen können, ohne dass die Nadel bricht.

Titaniumnadel

Der Vorteil an dieser Nadel ist, dass sie unwahrscheinlich robust ist. Dadurch eignet sie sich beispielsweise auch zum Sticken oder für Nähvorgänge mit mehreren Stofflagen, wie es beispielsweise beim Quilt der Fall ist. Sie erkennen Sie vor allem an der langen Spitze.

Zwillingsnadel

Die Zwillingsnadel gehört bereits am Anfang Ihrer Nähkarriere zu den wichtigsten Utensilien. Dennoch müssen Sie gerade hier auch auf die Unterschiede achten. Die Nadelabstände können zwischen 1,6 bis 4 mm abweichen. Eine mögliche Bezeichnung könnte hier also 130/705 H-ZWI NE 1,6 lauten. „ZWI" steht für Zwillingsnadel und „NE" bezeichnet den Abstand, der zwischen den jeweiligen Nadeln liegt. Auch die Nadeldicke kann sich zwischen 70 bis 100 mm befinden. Außerdem gibt es Zwillingsnadeln sowohl als Stretch- als auch als Universalnadeln. Wichtig ist, dass die Stichplatte Ihrer Nähmaschine dafür ausgelegt ist – andernfalls würden die Nadeln abbrechen.

Öhrschlitznadel

Hin und wieder werden Sie Stoffe nähen, bei denen Sie regelmäßig die Farben der Nähte ändern müssen – etwa bei einer Patchworkdecke, damit die einzelnen Nähte nicht so auffallen. In diesen Fällen können Sie eine Öhrschlitznadel nutzen. Sie hat einen kleinen, nach oben geneigten Schlitz an der Seite. Dieser erlaubt es Ihnen, den Faden lediglich an der rechten Seite herunterführen zu müssen, damit er durch den Schlitz ins Öhr gleiten kann. Das beschleunigt den Vorgang des Fadenwechselns ungemein.

Schnittmuster oder Kaufschnitt

Nun sind Sie schon um eine große Menge an Wissen reicher. Sie konnten sich über die verschiedenen Stoffe, die dazugehörigen Fäden, Nähmaschinen und sogar deren Nadeln informieren. Dennoch benötigen Sie für jedes Textil, dass Sie anfertigen möchten, eine Vorlage. Diese Vorlage wird als Schnittmuster bezeichnet. Heutzutage wird zwischen den klassischen Schnittmustern aus Zeitungen oder Nähbüchern, den sogenannten Papierschnitten und digitalen Schnittmustern unterschieden. Die digitale Variante nennt sich E-Book. Hierbei lesen Sie die Anleitung an Ihrem Computer oder auf dem Smartphone, drucken die Schnitte eigenständig aus und kleben sie anschließend zusammen.

Gerade am Anfang erscheint es den meisten Menschen unnötig, noch zusätzlich viel Geld in Schnittmuster zu investieren. Immerhin haben Stoffe, Garne und Nähmaschine inklusive Zubehör auch schon einiges an Geld gekostet. Die digitalen Schnittmuster gibt es auch in einer kostenfreien Variante, diese haben jedoch auch gewisse Nachteile.

WIE ENTSTEHEN SCHNITTMUSTER

Schnittmuster zu erstellen ist unwahrscheinlich aufwendig. Auch wenn sie mittlerweile digital abrufbar sind, wurden vorher Entwürfe angefertigt – diese wurden an Modellen geprobt. Anschließend folgt die Entwicklung einer Anleitung und dutzende Fotografien, um alle Blickwinkel erfassen zu können. Wenn die Fotos in ordentlicher Qualität produziert und verarbeitet wurden, werden die Textilien Probe genäht. Dabei wird geprüft, ob die vorhandene Anleitung auch wirklich stand halten kann.

Sitzt der Schnitt nicht ordentlich, wird bei Bedarf noch einmal ausgebessert. Meist dauert es bereits mehrere Wochen, bis der Schnitt entwickelt wurde. Wenn Sie sich eine Anleitung aufmerksam durchlesen, werden Sie feststellen, dass Sie auch Tipps über das „Wie nähe ich die Stoffe zusammen" herausfinden. Das bedeutet, dass Sie jedes Mal mit zusätzlichem Wissen und Hinweisen genährt werden. Aus diesem Grund sind die meisten Schnittmuster kostenpflichtig, denn sind Sie einmal ganz ehrlich – würden Sie eine solche Arbeit bewerkstelligen können?

Freebooks

Bei Freebooks handelt es sich um digitale Kaufschnitte. Im Vergleich zur kostenpflichtigen Variante sind diese jedoch kostenfrei. Das Internet ist voll von kostenfreien Vorlagen, die Sie sich je nach Belieben herunterladen können. Meist müssen Sie sich vorab registrieren, um den kostenfreien Zugang zu erhalten. In den Dateien können entweder tatsächliche Schnittmuster sein oder auch nur Anleitungen. Achten Sie bei Freebooks bitte auf die Qualität. Sie können stark in der Qualität abweichen, enthalten teilweise kleine Fehler oder wurden nicht vorher getestet.

Sicherlich fragen Sie sich, warum es denn überhaupt Freebooks gibt, wenn doch so ein immenser Aufwand hinter der Erstellung liegt. Meist verhält es sich ähnlich wie bei kleinen Gratisproben in einem Restaurant oder in Boutiquen. Sie sollen das Angebot kennenlernen, neugierig werden und sich dann bewusst und bedacht für das kostenpflichtige Produkt entscheiden. Mit einem Schnittmuster verhält es sich ähnlich wie mit einer Handschrift – jede ist unterschiedlich. So können Sie also den Designer kennenlernen und für sich selbst entscheiden, ob sein Stil auch zu Ihnen passt.

Häufig gibt es auch Schnittmuster, bei denen sich ein Verkauf nicht lohnt. Dabei handelt es sich meist um kleinere Projekte wie Schals oder einfache Taschen. Auch Ergänzungen zu bereits vorhandenen, kostenpflichtigen Schnittmustern werden kostenfrei angeboten – etwa die Kapuze zu einem vorhandenen Pullover.

Ähnlich wie beim Nähen gibt es auch in der Welt der Schnittmuster Personen, die diese lediglich in ihrer Freizeit anfertigen. Das heißt, sie werden teilweise mit der Hand gezeichnet und anschließend digitalisiert oder sind eben einfach nicht an einem Model erprobt und professionell abgeleuchtet worden. Diese Menschen möchten ihre Leidenschaft einfach mit der Welt teilen und „verschenken" ihre Muster daher.

Wenn Sie beim Nähen bereits einige Erfahrung sammeln konnten, wird es Ihnen zunehmend leichter fallen, die jeweiligen Qualitätsmerkmale voneinander unterscheiden zu können. Gerade für den Anfang können Ihnen jedoch einige Hinweise dabei helfen, die minderwertige von der hochwertigen Qualität zu unterscheiden. Das erspart Ihnen Ärger und Aufwand beim Nähen und verringert das Risiko, dass Sie vielleicht schon vorab den Spaß an diesem abwechslungsreichen Hobby verlieren.

Nutzen Sie für den Anfang Schnittmuster bekannter Hersteller. Wenn es sich um Produzenten handelt, die einen vernünftig aufgebauten Shop und eine Vielzahl an Produkten vorweisen können, wird es sich nicht um ein schwarzes Schaf handeln. Außerdem haben professionelle Schnittmuster meist Beispielfotos der daraus entstehenden Produkte.

Achten Sie außerdem auf Rezensionen und Kundenbewertungen. Gleichzeitig ist es wichtig, dass Sie das Schnittmuster verstehen. Sie kennen sicherlich schlecht übersetzte Bedienungsanleitungen, die sich nahezu kryptisch entschlüsseln lassen? So sollte ein Schnittmuster nicht aussehen.

Vernünftige Freebooks enthalten, ähnlich wie die kostenpflichtige Alternative, neben Angaben zu den Schnittlängen auch Informationen darüber, wie viel Stoff Sie benötigen. Außerdem finden Sie meist Materialempfehlungen, die Ihnen die Arbeit erleichtern.

Spätestens wenn Sie die Schnittmuster ausdrucken, erkennen Sie die Qualität. Vernünftige Vorlagen passen gut aufeinander und lassen sich problemlos zusammenkleben.

Wenn Sie sich nicht sicher sind, ob sich die Anleitung für Sie eignet, nehmen Sie im Zweifelsfall doch lieber ein paar Euro in die Hand und investieren Sie in ein hochwertiges E-Book. All der bisher entstandene Aufwand wäre schade, wenn Sie schlussendlich durch ein schlechtes Schnittmuster die Freude verlieren und Ihre Textilien halb fertig in der Ecke landen.

Tipps für Anfänger

Nähen ist nicht ohne Grund ein uraltes Handwerk. Seit Jahrhunderten wurden die Techniken immer wieder verändert, abgewandelt und erweitert. Wenn Sie also mit dem Nähen beginnen möchten, steht Ihnen eine Flut an Informationen bevor. Beachten Sie deshalb einige Tipps, damit Sie mit bester Vorbereitung in diese neue Erfahrung starten können.

AUF EINE VERNÜNFTIGE NÄHMASCHINE SPAREN

Ich ahne, dass Sie den Spruch meiner Großmutter nicht mehr hören können „Wer billig kauft, kauft doppelt" – dennoch beknie ich Sie, sich diesen Satz aufmerksam einzuprägen. Ich kann absolut nachvollziehen, wie verlockend günstige Angebote sind. Ich bin in vielen Bereichen ein riesiger Freund von eBay Kleinanzeigen und anderen Seiten, wo ich günstig verschiedene Dinge erhalte. Mein Fernseher ist als B-Ware erstanden worden und die Tasse, aus der ich gerade meinen Kaffee trinke, habe ich vor über zehn Jahren von meiner Mutter zum Auszug geschenkt bekommen.

Dennoch muss ich meiner Oma, so anstrengend sie teilweise auch war, in einigen Punkten zustimmen. Bestimmte Dinge sollte man nicht zwanghaft günstig kaufen und eine Nähmaschine zählt ebenfalls darunter. Schlussendlich werden Sie bei der günstigen Variante jedoch schnell vor dem Problem stehen, dass diese Maschinen schnell an ihre Grenzen stoßen. Früher oder später werden Sie also zwangsläufig eine neue Nähmaschine kaufen und so schlussendlich doppelte Kosten haben. Ein Tipp: gucken Sie nach einem hochwertigen, gebrauchten Modell. So können Sie sich ausprobieren und in der Zwischenzeit auf ein neues Produkt sparen.

ACHTEN SIE AUF DIE QUALITÄT DER STOFFE

Ich hatte Ihnen am Anfang mal erklärt, dass Sie beim Stoffe kaufen wirklich immer nur das holen sollen, was Sie auch wirklich verwenden möchten, um nicht früher oder später in einer Flut an Stoffen zu ertrinken. Sie minimieren die Wahrscheinlichkeit, zu viele Stoffe zu besitzen, wenn Sie beim Kauf auf gute Qualität achten. Probestücke können Sie natürlich mit günstigen Textilien nähen. Auf Dauer gesehen weist günstiger Stoff jedoch deutliche Qualitätsmakel auf. Die Nähte reißen aus, der Stoff verzieht sich mit der Zeit und auch der Tragekomfort ist deutlich geringer als bei hochwertigen Produkten. Gerade Letzteres würde dafür sorgen, dass die Kleidung früher oder später im Mülleimer landet – und das wäre nur schade um die Arbeit.

Zum Üben können Sie das sogenannte Upcycling benutzen. Das bedeutet, dass Sie Stoffe nutzen, die Sie bereits zu Hause haben – ein altes Oberteil beispielsweise, dass bereits seit Jahren in der letzten Ecke Ihres Kleiderschrankes liegt. Daraus können Sie neue Kleidungsstücke nähen, die einfach eine kleinere Größe haben – oder etwas ganz verrücktes wie eine Tasche. Zum einen arbeiten Sie so nachhaltig, zum anderen ist das Ärgernis nicht so groß, wenn es doch nicht gleich gelingt.

VERGESSEN SIE NICHT, ZU MESSEN

Gerade bei Kleidung gilt: messen Sie immer aus, bevor Sie mit dem Nähen beginnen. Augenmaß klingt schön, funktioniert aber leider nicht. Außerdem hat jeder Mensch seine eigenen Proportionen. Wie oft standen Sie schon im Laden und mussten eine Hose in Ihrer Größe wieder zurückgeben, obwohl Ihnen ein anderes Modell in der gleichen Größe perfekt gepasst hat? Messen Sie also gezielt an der Person, die das Kleidungsstück schlussendlich auch tragen soll. Alternativ können Sie auch ein Kleidungsstück der betreffenden Person nehmen, dieses auf das zusammengeklebte Schnittmuster legen und die Passgenauigkeit vergleichen. Um auf Nummer sicher zu gehen, können Sie ein Probestück anfertigen. Traditionell wird hierfür Nesselstoff verwendet. Sie können jedoch auch ein altes T-Shirt und einige Stecknadeln oder (bei Webware) einen alten Vorhang nutzen.

TRAUEN SIE SICH ETWAS

Wer nicht wagt, der nicht gewinnt. Grundlegend gibt es keine Person, die ein Handwerk von Anfang an perfekt beherrscht. Sollte Ihnen also eine Aufgabe nicht beim ersten Mal gelingen, lassen Sie sich davon nicht entmutigen. Gerade am Anfang werden Kleidungsstücke immer mal wieder nicht passen oder sehen überhaupt nicht so aus, wie Sie sie sich vorgestellt haben. Das ist absolut nicht schlimm. Ganz im Gegenteil – wenn Sie diese Erfahrungen nicht sammeln würden, würden Sie sich auch niemals verbessern können. Bekanntlich kann man nur aus Fehlern lernen und besser werden – und genau so wird es Ihnen auch ergehen. Je länger Sie nähen, desto leichter geht es Ihnen von der Hand und desto besser werden Ihre Kleidungsstücke.

PROBIEREN SIE SICH AUS

Jeder fängt klein an – in meinem Fall waren es Mützen und Halstücher. Ich verspreche Ihnen, es sah nichts davon gut aus. Es hat schon irgendwie zusammengehalten, aber die Naht durfte sich kein Mensch genauer oder auch nur aus der Ferne ansehen.

Die meisten Anfänger nähen zuerst Beutel, Lesezeichen oder Hosen für Babys. Damit können Sie Ihre Erfahrungen sammeln. Je sicherer Sie sich fühlen, desto mutiger dürfen Sie auch werden. Das bedeutet, dass Sie nach und nach natürlich auch aufwendigere Stücke nähen können wie Pullover oder Hosen für Erwachsene. Solange die Anleitung gut ist, werden Sie damit auch keine Probleme haben.

BEWAHREN SIE RUHE

Ich muss Ihnen eine Sache gestehen: ich bin ein wirklich ungeduldiger Mensch. Sobald sich eine Naht gelöst oder das Vernähen nicht so funktioniert hat, wie ich mir das vorgestellt habe, habe ich schlechte Laune bekommen. Ich habe aufgehört zu zählen, wie oft ich kurz davor war, all meine Utensilien einfach aus dem Fenster zu werfen und mir ein neues Hobby zu suchen. Da ich quasi das Paradebeispiel der Ungeduld bin, kann ich Ihnen Folgendes raten: bewahren Sie Ruhe. Atmen Sie tief durch, legen Sie das Textil beiseite und nehmen Sie es später wieder zur Hand. Selbst erfahrenen Nähern geschehen immer wieder Fehler. Vergessen Sie das niemals.

ÜBEN SIE DAS TRENNEN

Gerade weil Ihnen immer mal wieder Fehler unterlaufen werden, sollten Sie gewisse Techniken vorab beherrschen. Eine dieser Techniken ist das Auftrennen einer Naht – Sie werden niemals drum herumkommen. Vor allem am Anfang lässt es sich nicht vermeiden. Selbstverständlich können Sie Nähte auch mit einer Nagelfeile auftrennen. Das dauert jedoch ewig und kostet Sie aller Wahrscheinlichkeit nach mehr Nerven, als Sie bereit sind, dafür aufzugeben. Investieren Sie stattdessen lieber in einen Nahttrenner und sparen Sie sich den unnötigen Aufwand.

ACHTEN SIE AUF IHR GARN

Dieser Tipp ist vor allem für die Arbeit mit Nähmaschinen wichtig. Stellen Sie sich Folgendes vor: Sie nähen fröhlich vor sich hin und vergessen dabei Raum und Zeit und Ihre Unterfadenspule – die plötzlich leer ist. Bestenfalls ist das Garn am Ende einer sichtbaren Naht alle. Sie benötigen dann nicht nur Zeit, sondern auch jede Menge Aufwand, das Garn wieder aufzufüllen. Schauen Sie also lieber vor jedem Nähvorgang nach der Menge des Garns. Wenn Sie sich nicht sicher sind, ob es noch reicht, füllen Sie lieber großzügig nach. Es kann außerdem hilfreich sein, eine fertige Unterfadenspule in Ihrem Nähkästchen zu haben.

ACHTEN SIE AUF GENAUIGKEIT

Beim Nähen ungenau zu arbeiten, kann das Todesurteil für Ihr Textil bedeuten. Schneiden Sie einen Millimeter zu viel ab, kann das schon ausreichen, damit das Kleidungsstück nicht mehr passt. Eines Ihrer wichtigsten Hilfsmittel ist die Schneiderkreide – und auch hier ist genaues Arbeiten unwahrscheinlich wichtig. Mit der Zeit stumpft sie jedoch ab und die Linien werden zu dick. Glücklicherweise kann Sie ganz einfach angespitzt werden – nutzen Sie dafür beispielsweise einen Kartoffelschäler und „schälen" Sie die Seiten Ihrer Kreide. Nun kann Sie nichts mehr von einer perfekten Linie abhalten.

EINFÄDELN EINFACH GEMACHT

Kennen Sie es nicht auch? Theoretisch müsste der Faden ohne Probleme durch das Nadelöhr passen. Stattdessen rutscht er jedoch links und rechts vorbei oder fängt an, sich aufzudröseln. Schlussendlich ist er überall – nur nicht da, wo er hin soll. Beim Handnähen und bei einfachen Nähmaschinen gibt es keinen automatischen Einfädler. Dennoch können Sie ein simples Hilfsmittel nutzen: die Schere. Schneiden Sie hiermit den

Faden schräg an und versuchen Sie es erneut. Wenn das immer noch nicht ausreicht, „festigen" Sie die Spitze des Fadens mit etwas Haarspray. Dadurch wird er steifer und biegt sich nicht mehr so schnell am Öhr vorbei.

GUT GEBÜGELT IST HALB GENÄHT

Auch hierbei handelt es sich um einen Spruch, den ich regelmäßig von meiner Oma zu hören bekommen habe. Mittlerweile habe ich jedoch verstanden, wie wichtig das Bügeln beim Nähen wirklich ist. Wenn Sie die Nähte nach Abschließen der Naht bügeln, halten sie gefühlt fünf Mal besser, als wenn Sie darauf verzichten. Außerdem können Sie die Naht so besser in Ihre gewünschte Form bringen.

DER RICHTIGE STOFF MIT DER RICHTIGEN VORBEREITUNG

Mit den Stoffen steht und fällt jedes Ihrer Nähprojekte. Sie sollten zu Beginn vorwiegend einfache Stoffe nehmen – das heißt solche, die sich leicht vernähen und verarbeiten lassen. Vor allem Baumwollstoffe eignen sich für Ihre ersten Projekte. Er ist nicht besonders elastisch, weshalb er sich nicht verzieht und außerdem nicht so schnell unter der Nähmaschine verrutscht. Wenn Sie sich zusätzlich für einen Musterstoff entscheiden, fällt es nicht so auf, wenn Ihnen eine Naht doch einmal nicht so sehr gelingt. Rutschige Stoffe wie Satin oder Lackstoffe sollten Sie anfangs meiden.

Außerdem sollten Sie Ihre Stoffe vor dem Verarbeiten gründlich waschen. Ich habe einmal ein günstiges Oberteil auf einem Markt in Tschechien erstanden – es hat mir wirklich gut gefallen, weshalb ich umso verärgerter war, als es nach dem ersten waschen auf einmal eine Nummer kleiner war und mir demzufolge nicht mehr passte. Indem Sie Ihre Stoffe vorher waschen, vermeiden Sie dieses Einlaufen.

Wenn der Stoff getrocknet ist, sollten Sie ihn außerdem gründlich bügeln. Jeder Stoff hat die Eigenschaft zu knittern. Indem Sie ihn vor dem Zuschneiden bügeln, entfernen Sie diese Kanten und sorgen dafür, dass die Schnittteile anschließend exakt aufeinanderpassen. Lesen Sie sich jedoch die Pflegehinweise auf dem Stoff durch, damit Sie nicht versehentlich zu heiß bügeln.

NÄHTE SICHERN

Nichts ist ärgerlicher als eine Naht, die sich urplötzlich wieder in Wohlgefallen auflöst. Denken Sie deshalb daran, jede Naht am Anfang und am Ende zu sichern. Das bedeutet, dass Sie immer jeweils einige Stiche vor und zurück nähen. Einige Nähmaschinen haben hierfür ein automatisches Programm, das Sie bei Bedarf natürlich nutzen können.

Nähideen für Anfänger

Für die ersten Projekte ist es vor allem wichtig, dass Sie mit Spaß und Enthusiasmus an die Sache herangehen. Stellen Sie sich nur vor, wie stolz Sie sein werden, wenn Sie Ihr erstes, selbst genähtes Kleidungsstück in der Hand halten. Jeder Erfolg wird Sie genauso wie jeder Misserfolg immer weiterbringen. Um Ihnen ein wenig Aufwand zu ersparen, folgen hier noch einige Ideen, an denen Sie sich ausprobieren können. Ich wünsche Ihnen viel Spaß!

KLEIDUNG

Ich habe Ihnen ja weiter oben im Text von dem wunderschönen, selbst genähten Kleid meiner Arbeitskollegin erzählt. Stellen Sie sich doch einmal vor, wie schön es wäre, wenn Sie sich ebenfalls eigene Dinge nähen können? Wie ein Designer erschaffen Sie Ihre individuelle Kollektion an Einzelstücken, die Sie von der Masse abheben und Ihnen die Möglichkeit geben, Ihre Individualität und Kreativität voll und ganz auszuleben.

Loopschal

Ich gehöre zu den Menschen, die an kühleren Tagen das Haus niemals ohne ein Halstuch verlassen. Vergesse ich es doch einmal, beginne ich sofort zu frieren. Meist befinden sich auch in meinem Auto noch „Ersatzschals".

Neben den klassischen Exemplaren hat in den letzten Jahren der Loopschal (oder auch Schlauchschal) Einzug in die Modewelt gehalten. Von luftig leicht bis hin zu dick und wärmend gibt es ihn in allen vorstellbaren Formen und Farben. Und das schönste – Sie können ihn super leicht selbst nähen. Tatsächlich benötigen Sie hierfür nur sieben Schritte.

Zuerst jedoch zu den Materialien: um einen Loopschal anzufertigen, benötigen Sie etwa zwei Meter Baumwollstoff, Nähgarn, eine Stoffschere, Stecknadeln oder Stoffklammern, eine Schneidunterlage sowie Schneiderkreide oder einen anderweitigen Marker – und natürlich Ihre Nähmaschine.

Bevor Sie mit dem Nähen beginnen, müssen Sie den Stoff zuschneiden. Wenn der Schal insgesamt etwa 180 Zentimeter lang und 22 Zentimeter breit sein soll, benötigen Sie beispielsweise vier farblich abgestimmte Stoffstücke mit jeweils 45 x 55 Zentimetern. Diese Stoffstücke werden von Ihnen an der kurzen Seite mit einem Zentimeter Nahtzugabe zusammengenäht. Nach Bedarf können Sie nun auch Bänder zur Verzierung anbringen.

Nun legen Sie den Stoffschal rechts auf rechts aufeinander. Steppen Sie mit einem Zentimeter Nahtzugabe an der Kante entlang und achten Sie bitte darauf, dass die Nähte überall aufeinandertreffen. Fassen Sie nun an einer schmalen Kante mit der Hand in den Schlauchtunnel und ziehen Sie den Stoff, bis die schmalen Stoffkanten bündig aufeinanderliegen. Steppen Sie die letzte Kante mit einem Zentimeter Nahtzugabe zusammen, wobei Sie eine Wendeöffnung von etwa fünf Zentimetern lassen. Durch diese Wendeöffnung ziehen Sie den Stoffschlauch. Dadurch wenden Sie den Schlauch von links zurück auf rechts und schließen gleichzeitig die Nahtzugabe ein.

Nun müssen Sie nur noch die Wendeöffnung mit einem Matratzenstich schließen und haben Ihren ersten eigenen Loopschal hergestellt.

Stirnband

Nicht nur am Hals, auch an Stirn und vor allem an den Ohren bin ich kälteempfindlich. Umso schöner finde ich es, dass Stirnbänder oder auch Bandeaus in letzter Zeit wieder richtig in Mode sind. Die perfekten

Voraussetzungen also, sich an die Nähmaschine zu setzen und ein paar süße Stirnbänder zu nähen! Als Material eignet sich Jersey sehr gut, für sommerliche wie winterliche Temperaturen. Alternativ können Sie aber auch mit dickeren oder dünneren Stoffen nähen, für besonders kalte Tage bietet sich Sweat- oder Fleecestoff an. Neben dem Stoff benötigen Sie noch Maßband, einen Stift, Schere und Garn.

Bevor Sie mit dem Zuschneiden des Stoffs anfangen, sollten Sie zunächst mit einem Maßband Ihren Kopfumfang messen oder den der Person, für die das Stirnband gedacht ist. Diese Länge markieren Sie dann auf dem Stoff Ihrer Wahl, die Breite des Streifens sollte etwa 15 Zentimeter betragen. Haben Sie das Stoffstück zugeschnitten, falten Sie den Stoff rechts auf rechts der Länge nach zusammen und stecken die Kanten mit Stecknadeln fest. Die ganze Kante steppen Sie jetzt mit einem Zickzackstich ab, denn dieser Stich eignet sich durch seine Elastizität und Beweglichkeit besonders für ein Stirnband, dessen Naht regelmäßige Dehnung aushalten muss. Greifen Sie nun durch den entstandenen Schlauch und ziehen Sie die Öffnung auf die andere Seite durch, sodass beide Öffnungen bündig aneinander liegen. Stecken Sie die beiden Nähte gut fest. Jetzt nähen Sie der Rundung entlang um die gesamte Öffnung herum, wobei Sie eine 5 Zentimeter große Öffnung für das Wenden lassen. Achtung! Sie sollten darauf achten, nicht aus Versehen den ganzen Schlauch zuzunähen. Es sollte nur über zwei Stoffschichten genäht werden.

Sie können das Band danach durch die Öffnung auf die rechte Seite wenden und die Wendeöffnung dann schließen, indem Sie die offenen Seiten mit den Fingern nach innen drücken und das Ganze mit Nadeln feststecken. Steppen Sie das Loch mit der Nähmaschine, hierfür benutzen Sie am besten ein farblich abgestimmtes Garn. Damit ist Ihr Stirnband auch schon fertig. Es eignet sich perfekt dafür, Haare aus dem Gesicht zu halten, die Ohren warm zu halten oder um einfach ein Outfit abzustimmen.

T-Shirt

T-Shirts bilden für die meisten die Grundlage des Sommerkleiderschranks und sind so vielfältig wie praktisch. Ob als schlichtes Staple, bunter Hingucker oder Wärmehalter zum Layern nach dem Zwiebelprinzip, T-Shirts sind einfach immer zu gebrauchen und glücklicherweise leicht selbst zu nähen. Haben Sie keine Angst, sich an dieses womöglich erste größere Kleidungsstück zu wagen. Auch Anfänger können sich leicht stylische T-Shirts nähen, diese Anleitung beschreibt für den Anfang das grundlegende Vorgehen dafür.

Benötigt wird als Erstes ein einfaches Schnittmuster, bei dem Vorder- und Rückenteil jeweils aus einem Stück bestehen und einen runden Halsausschnitt haben. Die Länge der Ärmel obliegt Ihnen. Das Muster muss selbstredend an Ihre Größe oder an die Größe der Person, die das Shirt später tragen soll, angepasst sein. Die Stoffmenge richtet sich ebenfalls nach der Größe. Für das Halsbündchen eignet sich klassischer Bündchenstoff oder ein anderer dehnbarer Stoff.

Für den Zuschnitt legen Sie Vorder-, Ärmel- und Rückenteile des Schnittmusters auf den Stoff, dafür eignet sich dehnbarer Jersey bzw. Viskosejersey oder Baumwolle. Beim Zuschneiden des Musters sollten Sie die Nahtzugabe bedenken – ist diese nicht im Schnittmuster enthalten, rechnen Sie um das Muster herum noch ungefähr einen Zentimeter.

Im nächsten Schritt schließen Sie die Schulternähte, indem Sie die ausgeschnittenen Stoffe des Vorder- und Rückenteils rechts auf rechts zusammenlegen und die Nähte an den Schultern feststecken. Besser ist es noch, wenn Sie Stoffklammern benutzen, um den Stoff nicht zu durchlöchern. Nun wird der Stoff an den Schulterpartien zusammengenäht, achten Sie auf die Nahtzugabe und die Form des Halsausschnitts.

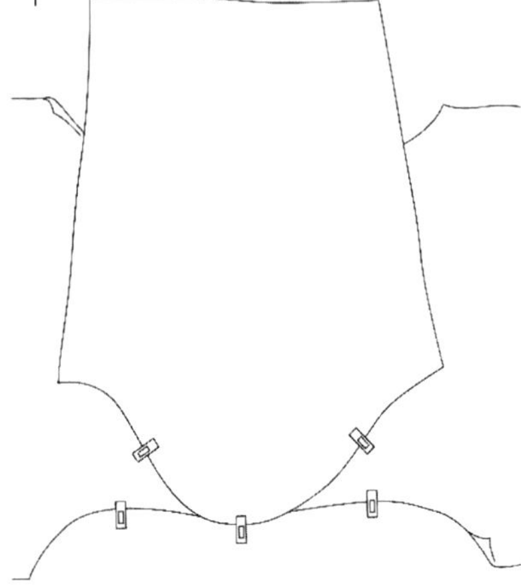

Jetzt sind die Ärmel dran. Diese sind in der Regel asymmetrisch, es gibt eine steile kurze Seite, die zur Vorderseite zeigt, und eine längere flache Seite, die zur Rückseite ausgerichtet ist. Ermitteln Sie die Mitte der Ärmel, indem Sie sie jeweils der Länge nach falten und die Mitte mit einer Stoffklammer markieren. Die Hälften halbieren Sie dann erneut, wodurch Ärmelviertel entstehen, an die Sie ebenfalls eine Klammer setzen.

Die Ärmel legen Sie nun rechts auf rechts auf Vorder- und Rückenteil, dabei liegt die steile Ärmelseite auf der Vorderseite. Stecken Sie die Mitte zusammen und setzen Sie die äußeren Klammern. Legen Sie nun den Stoff genau aufeinander und setzen Sie weitere Klammern, bevor Sie die beiden Stoffe zusammennähen. Hierbei muss der Ärmel oben liegen. Wiederholen Sie die Prozedur mit dem anderen Ärmel.

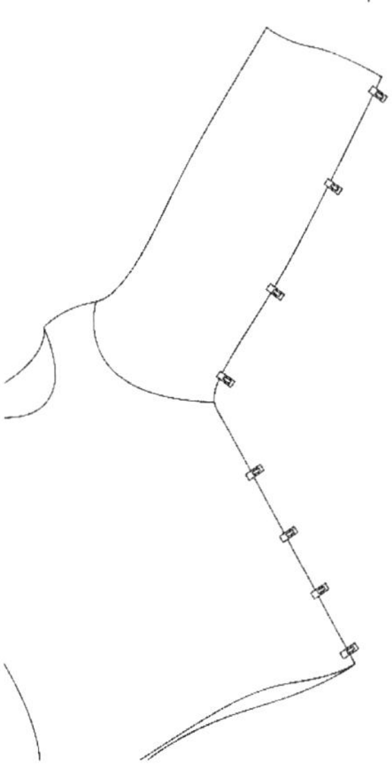

Vorder- und Rückseite des Shirts sind nun an den Schultern verbunden und auch die Ärmel sind angenäht. Im nächsten Schritt werden die Seitennähte geschlossen. Sie legen das Shirt rechts auf rechts zusammen und stecken den Stoff fest. Achten Sie hierbei besonders auf die Ärmelnähte, die sauber aufeinandertreffen müssen. Nun nähen Sie die Seiten zusammen, angefangen von der unteren rechten Ecke des Shirts bis zur Achsel und die untere Ärmelseite entlang, das Gleiche auf der anderen Seite.

Für das Halsbündchen messen Sie den Umfang des Halsausschnitts aus und multiplizieren diesen mit 0,7, wenn Sie Bündchenstoff verwenden, mit 0,8, wenn Sie sich für einen anderen dehnbaren Stoff entschieden haben. Die Breite des Halsbündchens ist Ihnen überlassen, in der Regel beträgt sie knapp 2 Zentimeter. Nähen Sie die kurzen Seiten des Bändchens rechts auf rechts zusammen. Drehen Sie jetzt das Shirt und das Bändchen auf rechts und unterteilen Sie den Halsausschnitt sowie das Halsbündchen in 4 gleiche Abschnitte. Stecken Sie das Bündchen rechts auf rechts am Ausschnitt fest, wobei die offene Seite des Bündchens nach oben zeigt. Jetzt kann es rundherum festgenäht werden. Achten Sie darauf, dabei nicht den Stoff des Shirts zu dehnen, sondern das Bündchen.

Für den Ärmelsaum ist das Shirt auf rechts gedreht, der Saum wird jeweils 2 Zentimeter nach innen umgeschlagen und festgesteckt, bevor er von rechts festgenäht wird. Das Gleiche machen Sie mit dem anderen Ärmel- und auch mit dem Bauchsaum. Und damit ist das klassische T-Shirt fertiggenäht.

Poncho

Meiner Meinung nach werden Ponchos noch immer unterschätzt – wenn ich sie trage, fühle ich mich, als hätte ich eine kuschelige Decke um mich gewickelt, mit dem Vorteil, dass mir meine Mitmenschen keine schrägen Blicke zuwerfen. In der kühlen Jahreszeit ist der Poncho ein wärmendes und schönes Kleidungsstück, das als Überwurf aus Wolle oder als Cape aus elegantem Feinstrick etwas her macht. Auch Sweat eignet sich für Ponchos.

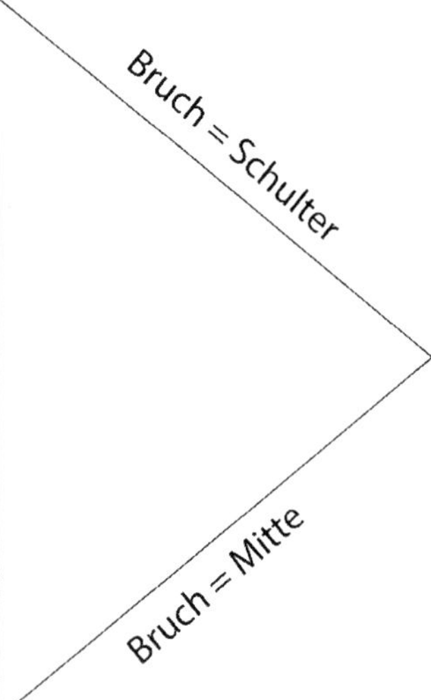

Für einen gemütlichen Poncho mit Rollkragen benötigen Sie ein quadratisches Stück Stoff, dessen Längen jeweils etwa 150 bis 160 Zentimeter betragen. Für den Rollkragen wird ein Rechteck aus dem gleichen Stoff in den Maßen 62 x 30 Zentimeter gebraucht. Eine Menge Stoff also, doch der wird benötigt, um den Körper später ausreichend zu umhüllen. Trotzdem können Sie die Länge selbstverständlich Ihren Maßen und Vorstellungen anpassen.

Als Nächstes müssen Sie sich für die Form Ihres Ponchos entscheiden, typischerweise bildet der Saum vorne und hinten eine Spitze, hat also eine Dreiecksform. Nun schneiden Sie den Ausschnitt für den Kopf aus. Falten Sie das Stoffquadrat zweimal so, dass ein Dreieck entsteht. Schneiden Sie an der entstandenen Spitze, an der sich die beiden kürzeren Seiten treffen, einen Halbkreis für den Ausschnitt heraus.

Für den Rollkragen nähen Sie das bereits zugeschnittene Stoffrechteck an seinen kurzen Kanten rechts auf rechts zusammen, bis ein Ring entsteht. Falten Sie den Rollkragen links auf links und stecken Sie ihn gleichmäßig rechts auf rechts an den gerade gemachten Ausschnitt. Die Naht sollte an der hinteren Mitte des Ausschnitts positioniert werden, bevor Sie den Rollkragen einmal rundherum annähen. Das funktioniert gut mit der Overlock, ansonsten aber auch mit einem Geradstich, der bestenfalls noch mit einer Zickzacknaht versäubert wird.

Nähen Sie jetzt die Kanten um, indem Sie die offenen Kanten versäubern. Bügeln Sie sie danach einen Zentimeter breit um und steppen Sie sie fest, um den Poncho fertigzustellen. Sie sollten mit dem Kopf nun leicht durch den lockeren Kragen schlüpfen können, welcher umgeschlagen werden kann.

Mütze

Und noch etwas zum Warmhalten – eine Beanie-Mütze. Beanie leitet sich vom englischen Wort *bean* für Bohne ab, was auf die Form der Mütze zurückzuführen ist. Sie schmiegt sich locker an den Kopf an und hat oberhalb noch etwas Luft, ähnlich wie eine Pudelmütze. Es gibt verschiedene Arten von Beanies, ich stelle Ihnen einen gemütlichen Wendebeanie vor, der auf unterschiedliche Weisen getragen werden kann und für den Sie kein Schnittmuster benötigen.

Hinsichtlich der Materialien gibt es nicht viel zu beachten. Jersey, Fleece oder Sweat sind geeignete Stoffe, wobei sich besonders Fleece und Sweat für den Winter eignen. Da es sich bei dieser Anleitung um einen Wendebeanie handelt, benötigen Sie zwei unterschiedliche Stoffe. Des Weiteren brauchen Sie passendes Garn, Ihre Maschine, Stecknadeln bzw. Klips, Stoffschere und Bügeleisen.

Als Erstes wird Ihr Kopf vermessen. Für die Länge des Beanies messen Sie Ihren Kopfumfang und rechnen einen Zentimeter Nahtzugabe hinzu. Bei dehnbaren Stoffen können Sie etwas abziehen, generell gilt aber, dass die Mütze auf keinen Fall zu eng sitzen sollte. Die Höhe eines Beanies beträgt für Erwachsene im Normalfall etwa 30 Zentimeter, bei Kindern sind es 26 Zentimeter und bei einem Babybeanie brauchen Sie etwa 22 Zentimeter. Ist alles vermessen, schneiden Sie zunächst die beiden Stoffe Ihrer Wahl zu. Legen Sie die Stoffe rechts auf rechts, klemmen Sie sie fest und nähen Sie die obere lange Seite mit der Overlockmaschine oder einem flexiblen Geradstich der Nähmaschine zusammen.

Falten Sie den Stoff dreimal, wenn die Naht geschlossen ist. Dabei gehen Sie so vor, dass Sie den Stoff einmal zusammenklappen und ihn dann so falten, dass sich die Länge des Stoffs halbiert. Halbieren Sie die Länge noch zweimal, bis ein längliches Stoffpaket vor Ihnen liegt.

Jetzt müssen Sie dieses Paket so vor sich legen, dass sich rechts die Naht und links die teilweise offenen Seiten befinden. Nehmen Sie ein Maßband zur Hand und messen Sie von links oben ca. 7 Zentimeter nach unten, markieren Sie diese Stelle. Mit einer Schere schneiden Sie von rechts oben diagonal nach links unten bis zur Markierung, wobei Sie einen leichten Bogen beschreiben.

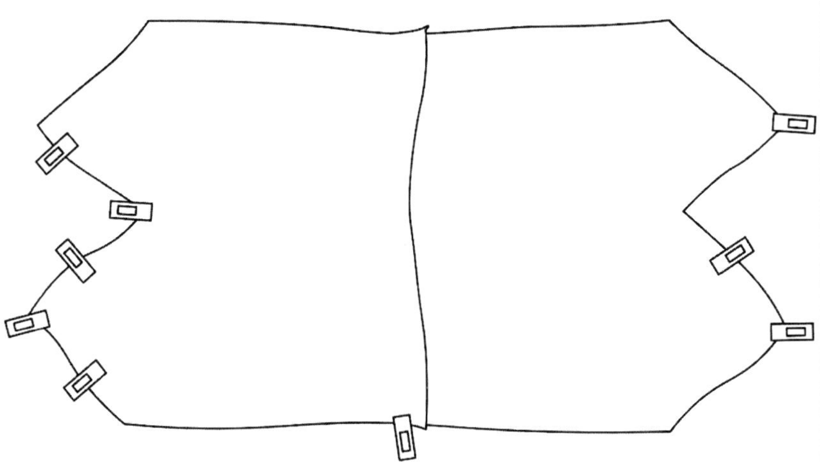

Falten Sie den Stoff nun wieder auseinander. Es sollte eine Art Krone mit mehreren runden Wölbungen vor Ihnen liegen. Als Nächstes falten Sie den Stoff ganz auseinander und legen ihn so zusammen, dass oben zwei „Kronzacken" liegen und unten ebenfalls zwei, wobei die gleichen Stoffe erneut rechts auf rechts aufeinanderliegen. Die offene Seite befindet sich links.

Sie brauchen nun eine Wendeöffnung. Diese zeichnen Sie auf der oberen linken Seite mit etwa 6 bis 8 Zentimetern ein. Stecken Sie die äußeren Kanten fest und nähen Sie die offene linke Seite sowie die schräg nach oben verlaufenden, äußeren Kronenzacken zusammen. Achten Sie darauf, das Loch für die Wendeöffnung freizulassen.

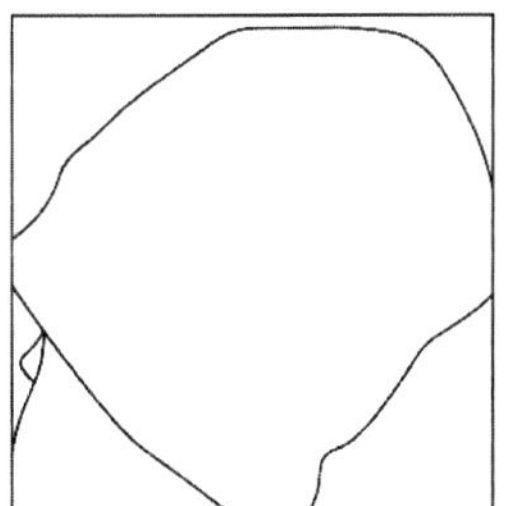

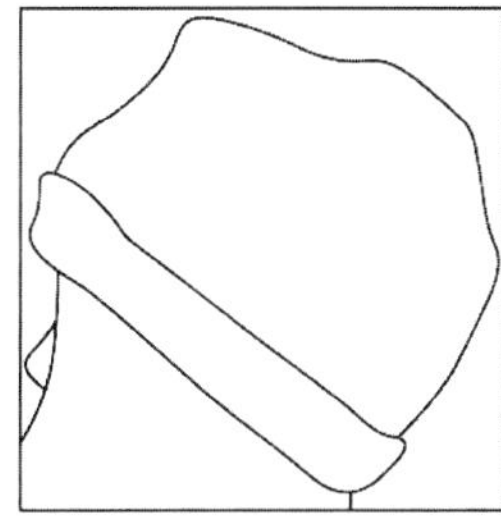

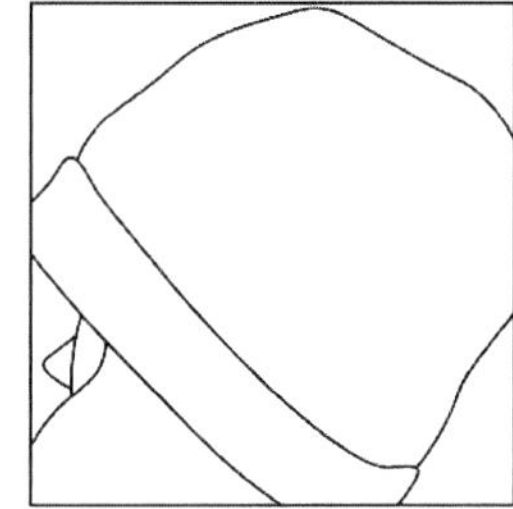

Die beiden Nähte legen Sie nun aufeinander und stecken den Stoff fest, die rechten Stoffseiten liegen dabei noch aufeinander. Jetzt sollte sich die obere Rundung des Beanies erkennen lassen. Nähen Sie auf beiden Seiten zusammen. Zum Schluss schneiden Sie alle überflüssigen Fäden ab und nutzen die Wendeöffnung, um die Mütze auf rechts zu drehen. Die Öffnung wird mit einem Geradstich verschlossen, hier bietet sich auch ein Leiterstich an. Damit ist der Beanie fertig und sieht auf beiden Seiten schick aus.

Shorts mit Bund

Im Sommer sind Shorts eine praktische Alternative zu Röcken und Kleidern. Sie können sehr leicht kombiniert werden, machen tolle lange Beine und können je nach Material auch zum Schlafen getragen werden. Im Internet finden sich viele unterschiedliche Schnittmuster für kurze Hosen, ob mit Bundfalte, als klassische kurze Jeans oder in der luftigen Variante. Ich möchte Ihnen erst einmal eine Anleitung für eine schlichte Shorts mit Bund geben, für die Sie eine Schnittvorlage selbst machen können. Haben Sie das einmal gemeistert, können Sie sich wohlgetrost an kompliziertere Anleitungen machen.

Shorts können aus Jacquard, Jeansstoff, Cord, Jersey oder anderem Material Ihrer Wahl gefertigt werden, für diese Basicvariante eignet sich Polostoff bzw. lockerer Baumwollstoff sehr gut. Dazu brauchen Sie neben der Nähmaschine Papier, Stift, Stoffschere und Bündchenstoff.

Die Schnittvorlage ist an sich schnell hergestellt. Suchen Sie sich aus dem Schrank eine kurze Hose aus, die Ihnen von der Passform her gut steht, falten Sie sie mittig und legen Sie sie flach auf das Papier. Hier entscheiden Sie auch, ob die Hose etwas enger anliegen oder eher locker sein soll. Sie umranden die Hose grob, passen eventuell die gewünschte Länge an und zeichnen an der oberen, linken und rechten Seite noch die einen Zentimeter lange benötigte Nahtzugabe ein. Vermerken Sie sich auf der Schablone, wo oben und unten, innen und außen ist, damit es später nicht zu Verwirrung kommt. Ist das Schnittmuster fertig, geht es jetzt ans Zuschneiden der Stoffe. Den Stoff für die Hose schneiden Sie für die zwei Hosenbeine insgesamt vier Mal aus. Der Einfachheit halber legen Sie dafür den Stoff doppelt und schneiden dann zu, damit die Teile wirklich identisch und richtig herum sind. Letzter Punkt ist vor allem dann wichtig, wenn Sie mit einem Stoff mit Motiven arbeiten. Falls Sie die Teile doch lieber einzeln ausschneiden, denken Sie daran, dass Schnittmuster zu drehen, damit auch wirklich zwei Hosenteile mit der Vorderseite und zwei mit der Rückseite des Schnittmusters zugeschnitten werden.

Die Breite des Bündchens bestimmen Sie anhand Ihres Hüftumfangs oder recherchieren den normalen Hüftumfang für eine Kleidergröße im Internet. Wie hoch der Bund ist, entscheiden Sie, aber da das Bündchen später umgeschlagen wird, müssen Sie die Wunschhöhe in jedem Fall doppelt nehmen. Die Bündchen werden als Erstes geschlossen. Hierfür wählen Sie einen elastischen Stich, entweder den der Overlock, einen Dreifach-Geradstich oder den Zickzackstich, und vernähen das Bündchen der Länge nach, während die äußere Seite innen liegt. Danach wird es gewendet und erst einmal auf die Seite gelegt.

Denn jetzt sind die Hosenteile an der Reihe. Legen Sie zwei Paare, bestehend aus Vorder- und Rückseite, rechts auf rechts aufeinander. Vernäht werden nun die komplette Außenseite und der untere Teil der Innenseite, dem anderen Teil widmen Sie sich gleich. Vorher wiederholen Sie die Prozedur am anderen Hosenbein.

Um die Beine miteinander zu verbinden, wenden Sie ein Hosenbein auf die später außenliegende Seite und stecken es in das andere ungewendete Hosenbein hinein, die Öffnungen der Nähte müssen hier aufeinander liegen. Die beiden Hosenteile werden festgesteckt, sodass das innenliegende Hosenbein und das außenliegende aufeinander liegen. Bei den zwei offenen Stellen verbinden Sie die Teile, also genau die Naht der Innenseite, die Sie vorhin als einzige nicht direkt vernäht haben.

Jetzt schließen Sie die zwei Nähte, während die Hose noch immer rechts auf rechts liegt. Danach wenden Sie die Shorts. Das Ganze sollte nun schon die Form einer kurzen Hose haben.

Damit die Hosenbeine etwas schöner aussehen, schlagen Sie sie 1-2 Zentimeter nach innen und stecken sie fest. Die Hosenbeine sollten nicht aus Versehen unterschiedlich lang werden, arbeiten Sie also genau und legen Sie die Hosenbeine bestenfalls direkt aufeinander, um die Länge zu überprüfen. Am Hosenbein nähen Sie mit einem sauberen Geradstich entlang.

Schneiden Sie die Nahtzugaben etwas zurecht und widmen Sie sich als Nächstes dem Bündchen, das benötigt wird, damit die Hose besser sitzt und nicht verrutscht. Schlagen Sie das bereits vorbereitete Bündchen so um, dass die schöne Seite außen liegt (übrigens sieht melierter Bündchenstoff im Grobstrick-Stil sehr modern aus). Mit den offenen Seiten wird das Bündchen nach oben über die Hose gestülpt. Für einen ordentlichen Look liegt die Bündchennaht dabei hinten direkt über der Gesäßnaht der Hose. Das Bündchen wird festgesteckt und ringsherum festgenäht, wobei unbedingt am Bündchen gezogen werden muss, nicht am Stoff, damit sich dieser nicht dehnt. Sitzt das Bündchen fest, sind die Shorts auch schon fertig. Sie können die Hose mit Taschen, Stickereien oder Motiven zum Aufbügeln noch etwas aufpeppen.

Luftiges Sommerkleid

Im Frühling ist die Versuchung groß, sich neue Kleider für die bevorstehende warme Jahreszeit zu kaufen. In jedem Schaufenster lacht einen ein neues Modell an, viele bunte Farben und Muster springen ins Auge. Seitdem ich mit dem Nähen angefangen habe, scheinen mir solche

Versuchungen nicht mehr allzu groß, schließlich kann ich ein neues Sommerkleid auch selbst designen und herstellen.

Ich möchte Ihnen nun ein Kleid vorstellen, dass Sie sogar ganz ohne Schnittmuster nähen und Ihren Vorstellungen anpassen können. Es handelt sich um ein stylisches asymmetrisches Kleid, das mit einer Schlaufe über einer Schulter festgebunden wird, während die andere Schulter frei bleibt. Dafür brauchen Sie zunächst ungefähr 1,4 Meter Stoff. Ein Sommerkleid sollte den Körper luftig umfangen und deswegen aus einem leichten Stoff bestehen. Es bieten sich Batist und Viskose an, für einen etwas edleren Look können Sie auch Satin oder Seide verwenden. Im Frühling sehen Blumenprints besonders frisch und schön aus, hübsch machen sich aber auch einfarbige Kleider in sommerlichen Orange-, Rosa oder Gelbtönen. Abgesehen davon brauchen Sie die Nähmaschine, bestenfalls eine Overlock, Stecknadeln, passende Nähseide, eine Wendenadel und eine Stoffschere.

Und los geht's: Das Kleid besteht aus zwei identisch großen Rechtecken der Maße 90 x 65 Zentimeter, das messen Sie am Stoff ab. Sie können die Maße an Ihre Größe oder gewünschte Kleidlänge anpassen, hier müssen Sie eventuell etwas rumprobieren. Das Kleid soll zudem eine Halsschlaufe haben, für diese schneiden Sie einen Streifen der Maße 4 x 130 Zentimeter aus dem Stoff zu.

Alle Seiten des rechteckigen Stoffs versäubern Sie nun, mit Ausnahme des Saums. Wenn Sie keine Overlock haben, können Sie auch mit der normalen Nähmaschine einen Zickzackstich verwenden.

Die beiden Seitennähte werden im nächsten Schritt zusammengesteckt. Weil das Kleid asymmetrisch ist, nähen Sie die Seite des Kleids, an der die Schulter frei bleibt, komplett zu. Auf der anderen Kleidseite machen Sie den Armausschnitt, indem Sie von oben gemessen 28 Zentimeter einer Seitennaht offenlassen. Sie nähen also bis zur markierten Zentimeter-Marke und lassen den oberen Teil offen. Vergessen Sie dabei nicht, den Stoff direkt an der Marke zu vernähen, damit die Naht später nicht aufgeht. Bügeln Sie die Nähte auseinander.

Die versäuberte Naht am Armausschnitt bügeln Sie um ca. 0,5 Zentimeter um, bevor Sie sie mit Stecknadeln befestigen und den Ausschnitt festnähen. Lassen Sie die Naht in Richtung der geschlossenen Seitennaht in die Seitennaht einlaufen.

Als Nächstes muss ein Durchzug genäht werden, da das Kleid am Hals mit einer Schlaufe zugemacht wird. Bügeln Sie hierfür den oberen Rand des rechteckigen Stoffs um 3 Zentimeter um, stecken und nähen Sie ihn dann fest. Der Schlauch sollte dann etwa 2,5 Zentimeter breit sein.

Den Stoffstreifen, den Sie zu Anfang zugeschnitten haben, klappen Sie jetzt in der Mitte rechts auf rechts um und bügeln ihn. Fixieren Sie den Streifen entlang der längeren und einer kürzeren Kante. Mit der Wendenadel drehen Sie den Streifen auf rechts und nähen die offene kurze Seite zusammen. Nun wird das fertige Band durch den Vorder- und Rückenteil des Sommerkleids gezogen und das neue Kleidungsstück ist fertig.

Strümpfe

Also ich habe es nie verstanden, wie sich Leute darüber aufregen können, zu Weihnachten Socken geschenkt zu bekommen. Zugegeben, jedes Jahr welche zu bekommen, die dann auch noch langweilig aussehen, ist sicher nervig. Aber an sich sind Strümpfe doch ein wunderbares Geschenk – sie halten die Füße schön warm, werden sowieso fast jeden Tag gebraucht und können cool aussehen. Der Ruf der Socke hat sich in den letzten Jahren etwas gewandelt. Besonders bunte Modelle mit auffallenden, teils lustigen, teils provokanten Motiven sind zu echten Modestatements geworden und können jedes langweilige Outfit aufpeppen. Wieso kreative Strümpfe also nicht einfach selbst nähen, anstatt sie teuer im Laden zu kaufen?

Wenn Sie sich kein eigenes Schnittmuster für Ihre Socken machen möchten, können Sie einfach eines aus dem Internet runterladen und ausdrucken. Im besten Fall sind auf der Vorlage bereits verschiedene Schuhgrößen aufgedruckt, sodass Sie das Muster einfach an Ihre gewünschte Größe anpassen können. Dazu brauchen Sie noch Overlock oder Nähmaschine, Stoffschere, Stecknadeln und Garn. Als Stoff für die gemütlichen Socken eignet sich Jersey.

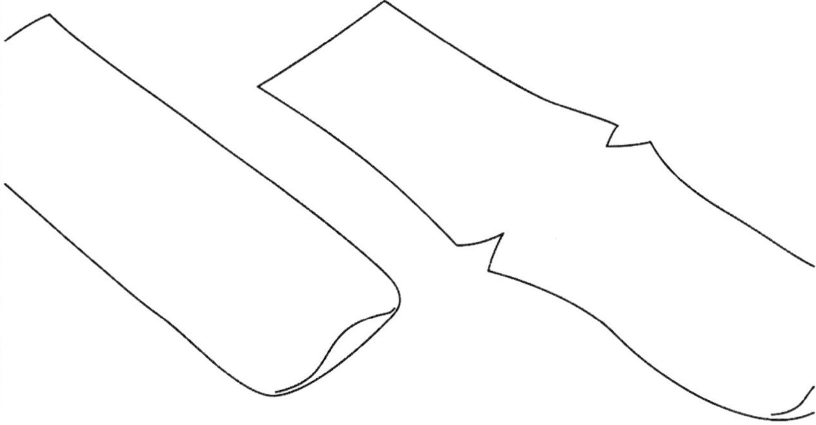

Beginnen Sie mit dem Zuschneiden der Sockenteile, wobei Sie Ihr Schnittmuster brauchen. Sie benötigen zwei Mal das Oberteil und zwei Mal das Unterteil der Socke. Legen Sie den Stoff am besten doppelt, sodass Sie zwei Teile auf einmal zuschneiden können. Hierbei muss das Schnittmuster allerdings für einen symmetrischen Strumpf sein, es darf also keine Rolle spielen, welche fertige Socke links oder rechts angezogen wird.

Nun nehmen Sie sich ein Ober- und ein Unterteil vor. Übernehmen Sie gegebenenfalls die Markierungen des Schnittmusters, um herauszufinden, auf welcher Höhe sich die Ferse befinden wird, wenn die beiden

Teile miteinander verbunden werden. Klappen Sie das Unterteil so zusammen, dass die beiden schrägen Kanten des Stoffs aufeinandertreffen, denn diese bilden später die Ferse. Nähen Sie an dieser Kante entlang rechts und links ab.

Die Fadenenden kürzen Sie am besten, damit sie beim Tragen nicht stören. Danach verbinden Sie Ober- und Unterseite, indem Sie sie rechts auf rechts aufeinanderlegen und die Markierungen für die Ferse beachten. Dann stecken Sie den Strumpf einmal rundherum fest, bis auf der oberen Seite, durch die der Fuß schlüpfen soll. Beginnen Sie, an einer Seite des Strumpfs zu nähen, und arbeiten Sie sich über die Fußspitze zur anderen Seite vor, um die Stoffteile zu vernähen.

Wenden Sie den Strumpf. Nun klappen Sie den Strumpf nur noch an der Öffnung etwa 2 Zentimeter (oder mehr) nach innen um und dann noch einmal hoch nach außen, bis sich die Kante oben befindet. Nähen Sie der Kante entlang und klappen Sie das überstehende Stoffteil nach oben, um die Naht nach innen verschwinden zu lassen. Das Ganze wiederholen Sie mit der anderen Socke und schon haben Sie ein paar selbstgenähte Strümpfe.

Leggings

Wieso Leggings so beliebt sind, liegt auf der Hand. Sie können für den Sport ebenso wie zum Entspannen zu Hause getragen werden und mit etwas Kombinationsgeschick sogar im Büro. Eine perfekt sitzende Leggings spürt man kaum, sie schmiegt sich perfekt an die Figur an und hält angenehm warm, ohne dass man in ihr schwitzt. Haben Sie auch ein paar Leggings, das sich fast wie eine zweite Haut anfühlt? Hätten Sie gerne noch eine? Kein Problem! Für Ihre selbstgenähte Leggings brauchen Sie eine gut passende Lieblingsleggings, elastischen Stoff aus Jersey oder Sweat, eine Stoffschere, Stecknadeln, ein Gummiband und Ihre

Nähmaschine. Der Stoff sollte dem Ihrer Vorbild-Leggings in der Dehnbarkeit ähnlich sehen.

Nehmen Sie sich Ihren ausgewählten Stoff vor und falten Sie ihn links auf links zusammen, damit ein Stoffbruch entsteht. Die Leggings legen Sie auch parallel aufeinander, beide Hosenbeine und der Gesäßteil liegen exakt aufeinander. Mit Stecknadeln lässt sich die Hose auf dem Stoff fixieren.

Jetzt schneiden Sie den Umriss der Hose nach, wobei Sie auf die Nahtzugabe achten müssen. Am oberen Teil der Leggings schneiden Sie weitere 10 Zentimeter hoch, denn dieser Teil wird für den Tunnelzug des Gummis benötigt. Am unteren Ende der Leggings fügen Sie ebenfalls einige Zentimeter für das Einschlagen und Säumen hinzu, 3 Zentimeter sind ausreichend. Durch dieses Vorgehen haben Sie nun ein Bein der Leggings zugeschnitten, das Gleiche wiederholen Sie für den zweiten Hosenteil.

Nun legen Sie beide Zuschnitte rechts auf rechts aufeinander. Stecken Sie nun links und rechts bis zur ersten Ecke fest. Nähen Sie diese mit einer elastischen Naht zusammen, gehen Sie dabei jedoch nur vom Saum bis zur ersten Ecke, denn die Beine bleiben erst einmal geöffnet.

Sie falten die Hose nun so um, dass die beiden soeben gefertigten Nähte rechts auf rechts aufeinanderliegen. Die Form der Leggings ist jetzt schon erkennbar. Sie fixieren als Nächstes die offene Naht mit

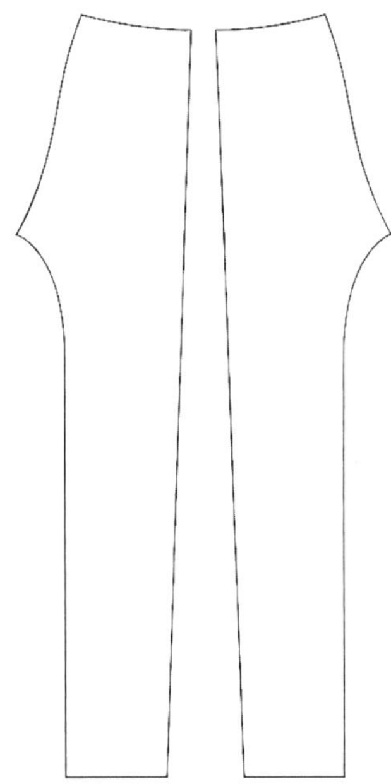

Nadeln oder Klammern und nähen die gesamte Länge nach in einem Zug zusammen, sodass die Hosenbeine an den Seiten geschlossen werden.

Am Ende nähen Sie noch das Gummiband ein, dessen Länge auf Ihre Größe abgestimmt ist. Zunächst einmal bügeln Sie dafür am Bauchsaum der Hose entlang, schlagen 2 Zentimeter Stoff um und bügeln über die Kante. Der entstandene Tunnel wird nun mit Stecknadeln festgesteckt. Jetzt wird schmalkantig abgesteppt, wobei eine 3 Zentimeter große Öffnung für das Gummiband gelassen wird. Dieses wird mit einer Sicherheitsnadel durch den Zug gefädelt. Danach vernähen Sie die Bandenden mit einem Zickzackstich und schließen den Tunnelzug mit einem Geradstich.

Das Ende der Hosenbeine versäumen Sie sauber und haben dann ein selbstgemachtes Duplikat Ihrer geliebten Leggings.

Unterwäsche

Sogar Unterwäsche können Sie selbst nähen. Die richtige Passgröße zu finden, die nirgendwo zwickt oder einschneidet, ist nämlich oft gar nicht so leicht. So wie die Lieblingsleggings hätte man am liebsten die am besten sitzende Unterhose noch zwanzig Mal, nur in verschiedenen Mustern und Farben. Ähnlich wie die Leggings lassen sich Unterhosen ebenfalls leicht „duplizieren“. Sie benötigen eine Ihrer ausrangierten Lieblingsunterhosen, die vielleicht schon etwas ausgewaschen und deren Bund nicht mehr allzu straff ist, dazu noch Jersey, dünnes Gummiband, Nähmaschine und Garn, Stoffschere und Stecknadeln.

Ihre Lieblingsunterhose dient als Vorlage und wird an den Nähten aufgeschnitten und ausgebreitet. Vorder- und Rückseite werden auf Papier gelegt und mit einem Stift zeichnen Sie die Umrisse auf, vergessen Sie beim Slip nicht den Zwickel. Die fertigen Schnittmuster werden nun auf den Stoff gelegt und festgesteckt. Beim Zuschneiden des Stoffs dürfen Sie die Nahtzugabe von 1-2 Zentimetern nicht vergessen.

Nun geht es ans Nähen. Sie legen Vorder- und Rückseite rechts auf rechts aufeinander und nähen die Teile im Schnitt zusammen. Die Enden beim Zwickel an der Nahtzugabe, welche offengeblieben sind, werden umgeklappt und gebügelt. Den Zwickel legen Sie an die richtige Stelle im Schritt, stecken ihn fest und nähen ihn an den Rändern fest. Schließen Sie die Seitennähte des Slips.

Schneiden Sie nun das Gummiband für den Bund zu und richten Sie sich nach der Länge, die für Sie angenehm ist. Das Band ist in jedem Fall kürzer als der Stoffbund, damit die Hose nicht rutscht und elastisch ist.

Nun muss der Bund genäht werden. Dabei gibt es zwei Möglichkeiten. Für die erste Version schließen Sie den Gummi, ohne ihn zu verdrehen, an den Stoff und nähen die Enden zusammen. Dann fixieren Sie ihn gleichmäßig am Stoffbund mit Hilfe von Stecknadeln und nähen ihn fest, während Sie Stoff und Gummi etwas stramm ziehen. Dann legen Sie den Stoff mitsamt dem Gummi am Rand um und nähen ein weiteres Mal darüber, um eine saubere Stoffkante zu bekommen.

Für die zweite Version legen Sie den Stoff am Bund um, bis ein Tunnel für den Gummi entsteht, und fixieren diesen Tunnel mit Stecknadeln. Sie nähen den Tunnel komplett zu, bis auf eine Stelle, an der der Gummi eingezogen wird. Mit einer Sicherheitsnadel können Sie den Gummi aufpiken und dann durch den Tunnel ziehen. Die Enden des Gummis vernähen Sie, schließen Sie die Einzugsöffnung ebenfalls.

Nun legen Sie die Beinausschnitte um und nähen Sie fest. Wenn Sie möchten, können Sie auch hier einen Gummi durchziehen und festmachen. Damit ist Ihre selbstgenähte Unterhose fertig und hoffentlich genauso gemütlich wie Ihre alte!

Einfacher Rock

Ein Rock ist ähnlich wie ein Loopschal. Farben, Formen, Gestaltungsmöglichkeiten und Kombinationen – Ihrer Kreativität sind keine Grenzen gesetzt. Für den Anfang reicht ein einfacher Rock mit Gummizug, wie Sie ihn für zehn Euro in jedem Laden kaufen können, vollkommen aus. Bei Bedarf können Sie ihn mit Labels, Stickereien oder feinen Bändern aus Satin verzieren.

Grundlegend benötigen Sie aber wenigstens folgende Materialien: ein etwa 50 Millimeter breites Gummiband, eine Nähmaschine, Nähgarn und Stecknadeln, ein Patchwork Lineal und ein Maßband. Außerdem benötigen Sie natürlich Stoff – die Menge ist abhängig von der Größe, in der der Rock entstehen soll. Bei der Beratung kann Ihnen der Fachhändler helfen. Wählen Sie jedoch ein Material, das möglichst dünn und leicht ist. Grundlegend spielt es keine Rolle, ob Sie sich für einen Jerseystoff oder Sweat, falls es etwas sportlicher sein soll, entscheiden. Sofern Sie bereits eine besitzen, können Sie hier außerdem Ihre Overlock zum Einsatz bringen. Alternativ können Sie auch mit dem Zickzack- Stich Ihrer klassischen Maschine nähen.

Eigenes Schnittmuster anfertigen

Für einen Rock benötigen Sie ein Schnittmuster. Selbstverständlich können Sie sich eine Vorlage aus dem Internet suchen – der Guna Rock ist beispielsweise ein beliebtes Stück. Der Guna Rock zeichnet sich durch seine einfache, gerade Linie aus. Er ist also schlicht und lässt sich dadurch mit nahezu allen Kleidungsstücken kombinieren – egal ob es sich um ein einfaches Sweatshirt oder eine schicke Bluse handelt. Tatsächlich besticht dieser Rock jedoch durch die unauffälligen Taschen an der Seite. Diese werden lediglich mit einem Schrägband nach innen versäubert, sind also auch sehr einfach anzubringen.

Möchten Sie das Schnittmuster selbst anfertigen, benötigen Sie zuerst die Maße. Messen Sie bitte folgende Stellen aus: zuerst die Taille, also die schmalste Stelle in Nabelhöhe, das Hüftmaß, die Länge der Taille bis zum gewünschten Saumende, auch Rocklänge genannt, sowie den Abstand zwischen Taille und Hüfte. Beim Hüftmaß handelt es sich übrigens um die breiteste Stelle an der Hüfte.

Nun teilen Sie die Taillen- und Hüftweite jeweils durch vier. Das liegt daran, dass jedes Schnittmuster nur im Bruch gezeichnet wird. Der Rock soll jedoch vorn und hinten gleich aussehen. Die breiteste Stelle sollte die Hüftweite sein. Zwischen Taille und Hüfte wird nun ein Bogen gezeichnet. Je nachdem, wie es Ihrem Geschmack entspricht, können Sie diesen Bogen nach der Hüfte noch weiter verlaufen lassen oder die Linie anschließend gerade nach unten zeichnen. Alternativ können Sie auch ab Hüfthöhe schräg nach rechts unten zeichnen. Dann bekommt Ihr Rock eine leicht ausgestellte Form – die Zeichnung erinnert ein wenig an den Buchstaben A.

Wenn Sie das Schnittmuster auf entsprechendes Papier gezeichnet haben und dieses auf den Stoff übertragen, denken Sie bitte an die Nahtzugabe. Außerdem gibt es bei Röcken einen Saum, weshalb Sie auf die Saumzugabe achten müssen. Die Menge ist Geschmackssache, sie sollte aber wenigstens zwei Zentimeter breit sein. Der Schnitt wird nun zwei Mal im Bruch zugeschnitten. Sollte Ihr Stoff ein Motiv haben, achten Sie darauf, dass es nicht auf dem Kopf steht.

Zum Nähvorgang

Sie haben nun zwei identische Stoffteile, die Sie rechts auf rechts aufeinanderlegen müssen. Die Seitennähte können Sie jeweils mit Stecknadeln sichern. Achten Sie beim folgenden Nähvorgang darauf, dass Sie nicht am Stoff ziehen. Nähen Sie nun die beiden Seitennähte zusammen. Wenn Sie sich für einen dehnbaren Stoff entschieden haben, nutzen Sie einen entsprechenden Stich, wie etwa den Zickzackstich.

Sie bekommen bereits jetzt eine ungefähre Vorstellung davon, wie Ihr Rock am Ende aussehen wird. Gern können Sie ihn anprobieren, um zu überprüfen, ob Weite und Länge passen. Achten Sie außerdem darauf, dass er nicht zu hoch sitzt - immerhin müssen Sie noch ein Bündchen annähen. Wenn Länge und Weite in Ordnung sind, ziehen Sie den Rock wieder aus und schlagen Sie den Saum um die gewünschte Länge nach innen.

Stecken Sie den Rock rundherum mit Nadeln fest und nähen Sie von der rechten Stoffseite aus einmal darüber. Achten Sie darauf, nicht die Nadeln zu erwischen. Am schönsten wird die Naht mit einer Coverlock. Alternativ können Sie Zwillingsnadeln bei der klassischen Nähmaschine oder einen Zickzackstich wählen.

Bündchen annähen

Zum Schluss müssen Sie noch das Bündchen beziehungsweise den Gummizug annähen. Um die richtigen Maße bestimmen zu können, müssen Sie ein wenig rechnen.

Messen Sie zuerst aus, wie lang der Stoff ist, an den das Bündchen angenäht werden soll. Nun gibt es eine Faustformel, nach der Sie rechnen können. Nehmen Sie die ausgemessene Länge multipliziert mit 0,7 und Sie erhalten die erforderliche Länge des Bündchens. Um es anzubringen, nähen Sie das Bündchen an der kurzen Seite rechts auf rechts zu einem Ring zusammen. Linke und rechte Seite beim Bündchen erkennen Sie daran, dass sich ein Bündchen immer auf der linken Seite zusammenrollt. Wenden Sie es anschließend auf rechts, sodass die Naht innen liegt und falten es der Länge nach.

Nehmen Sie sich Stecknadeln und teilen Sie Ihr Bündchen in vier gleiche Teile auf. Stecken Sie die offene Kante des Bündchens an Ihrem Rock fest und stülpen Sie den Rock über das Bündchen – er müsste nun auf rechts gedreht sein. Die Kanten von Rock und Bündchen müssen nun von Ihnen aneinandergenäht werden. Die vordere Mitte des Rocks sollte den Bruch und die hintere Mitte die Naht des Bündchens treffen. Wenn Sie Bündchen und Rock nun vernähen, achten Sie bitte darauf, dass sich lediglich das Bündchen dehnt, nicht aber der Stoff. Sobald Sie fertig sind, klappen Sie das Bündchen nach oben – und haben es geschafft.

NÜTZLICHE UTENSILIEN

Wussten Sie bereits, dass sich viele Dinge des alltäglichen Lebens tatsächlich selbst anfertigen lassen? Ich weiß nicht, wie viel Geld ich in meinem Leben bereits für Mundschutz, Wäschesäcke und kleine Aufbewahrungsboxen ausgegeben habe. Auch hier stand ich wieder vor dem ewig gleichen Problem – die Auswahl sagte mir nicht zu. Also fing ich an, selbst zu nähen und stellte mit Freude fest, dass einige dieser Dinge sehr leicht anzufertigen sind. Fragen Sie nicht, wie viele Aufbewahrungsboxen ich mittlerweile besitze.

Mundschutz

Aus der heutigen Zeit sind sie nicht mehr wegzudenken. Meinen ersten selbstgenähten Mundschutz bekam ich von der Nachbarin meiner Mutter geschenkt. Nachdem ich mich anfangs dagegen gewehrt habe, besitze ich sie mittlerweile in allen möglichen Formen und Varianten – quasi immer passend zum jeweiligen Outfit. Ich habe mich damit arrangiert – das bedeutet jedoch nicht, dass ich dabei meine Individualität einbüßen möchte.

Als Stoffe sollten Sie entweder Jersey oder einen Cretonnestoff nutzen. Außerdem benötigen Sie Gummibänder. Alternativ können Sie auch Schrägband wählen. Wenn Sie einen Mundschutz für Erwachsene nähen, sollte die Menge des Stoffes etwa 22 x 22 Zentimeter betragen. Bei einer stabileren Maske benötigen Sie die doppelte Menge des Stoffes. Schneiden Sie zwei identische Stücke aus und nähen Sie diese links auf links zusammen.

Falten Sie nun die Oberkante Ihrer Maske zwei Mal jeweils einen Zentimeter nach innen und bügeln Sie die Falten. Bei Bedarf können Sie zur besseren Stabilität einen Draht als Nasenbügel hinzufügen. Sie müssen ihn dafür zwischen die gemachte Falte legen. Die Kanten und den Draht müssen Sie fixieren, indem Sie alles knapp kantig vernähen. Achten Sie bitte darauf, den Draht nicht mit der Nadel zu erwischen.

Ähnlich wie die Oberkante müssen Sie auch die Unterkante im gleichen Maß zwei Mal umlegen und vernähen. Legen Sie nun den Stoff in drei Falten – Sie kennen diese von den Masken, die Sie im Laden erwerben können und können eine solche als Vorlage nehmen. Ihre Maske sollte nun eine gesamte Höhe von sechs bis sieben Zentimetern haben. Bügeln Sie die gemachten Falten, damit sie ihre Form beibehalten. Außerdem können Sie die Falten mit einem knapp kantigen Stich fixieren.

Nun müssen Sie die Seiten nähen. Auch diese werden zwei Mal jeweils einen Zentimeter nach innen gefaltet und die Falten anschließend gebügelt. Steppen Sie knapp kantig am Faltenrand entlang, achten Sie dabei bitte darauf, dass das Stück zwischen Kante und Naht breit genug für das Gummiband ist. Das Hinzufügen des Bandes stellt den letzten Schritt dar. Meist benötigen Sie zwei Gummibandstücke mit einer Länge von jeweils 30 Zentimetern – je nach Person kann die Länge variieren. Beim Umklappen der Seiten ist eine Art Tunnel entstanden. Mithilfe einer Sicherheitsnadel fädeln Sie das Gummiband durch diese Tunnel hindurch. Verknoten Sie die Enden des Bandes und ziehen Sie so lange daran, bis die Knoten im Tunnel verschwunden sind.

Wäschesack

Jedes Jahr im Urlaub stehe ich vor dem gleichen Problem. Saubere und schmutzige Wäsche liegen nebeneinander in meinem Koffer und bekommen alle den gleichen Geruch, weil ich wie immer vergessen habe, einen zusätzlichen Beutel mitzunehmen. Der Wäschesack ist die Lösung für dieses Problem. Anstatt die getragene Kleidung neben die saubere legen zu müssen, können Sie sie bequem in den Sack werfen und von dort aus zu Hause in die Waschmaschine. Für einen Wäschesack benötigen Sie einen halben Meter Baumwollstoff mit Farbe und Musterung Ihrer Wahl sowie 0,6 Meter Baumwollkordel. Außerdem brauchen Sie Stecknadeln, eine Stoffschere, Nahttrenner, Nähgarn und bei Bedarf Bänder zum Verzieren.

Legen Sie den Stoff nun so, dass zwei Lagen übereinander liegen. Die zwei äußeren Seiten sollen hierbei aufeinanderliegen. Zeichnen Sie ein Rechteck mit den Maßen 45 x 35 Zentimeter. Dieses Rechteck müssen Sie ausschneiden und erhalten zwei identische Stücke. Damit Ihre Ränder nicht ausfransen, versäubern Sie bitte die Kanten der Stoffe.

Legen Sie die Stoffstücke rechts auf rechts übereinander und nähen Sie die beiden Rechtecke an drei Kanten beispielsweise mit einem Zickzackstich zusammen. Achten Sie auf etwa 1,5 Zentimeter Nahtzugabe. Eine der kurzen Kanten sollte nun offenbleiben. Diese obere Kante klappen Sie 1,5 Zentimeter um und bügeln sie. Anschließend klappen Sie sie um weitere drei Zentimeter um. Sichern Sie diese Kante mit Stecknadeln und steppen Sie knapp am Rand entlang, sodass ein Tunnel entsteht.

Trennen Sie an einer Seite des Wäschesacks die Naht um zwei Zentimeter auf. Diese Öffnung ist für die Kordel gedacht. Befestigen Sie die Kordel an einer Sicherheitsnadel und bewegen Sie sie durch den Tunnel, bis sie zur Öffnung herauskommt. Nun sind Sie fertig und können Ihren Wäschesack auch problemlos verschließen.

Handytasche

Hin und wieder gehen Sie aus oder bewegen sich in der Innenstadt – das Einzige, was Sie benötigen, sind Ihr Handy, eventuell der Ausweis und Geld oder eine EC-Karte. Die große Tasche bleibt meistens im Auto oder zu Hause. Wohin allerdings mit den wenigen, wirklich nötigen Utensilien, wenn Sie keine Hosentaschen haben?

Hier folgt die Lösung – nähen Sie sich eine einfache Handytasche! Im kleinen Format ist sie platzsparend und ermöglicht es Ihnen, die Dinge mitzunehmen, die unabdingbar sind. Das Schöne ist, dass Sie nicht besonders viel Material benötigen. Anstatt Stoffe zu kaufen, können Sie auch eine ausrangierte Jeans nehmen. Alternativ eignen sich auch Kunstleder oder Canvas. Außerdem benötigen Sie Gummiband, Vlies, einen Druckknopf und eventuell etwas Futter.

Ihre Nähanleitung sollte natürlich entsprechend der Handygröße sein. Es bringt Ihnen natürlich nichts, wenn das Telefon schlussendlich zu groß ist. Alternativ können Sie auch Schnittmuster als Vorlagen aus dem Internet entnehmen. Schneiden Sie die Stoffe entsprechend der Vorlage aus – es sollten jeweils zwei kleine und zwei große Außenteile entstehen. Um ihn zu verstärken und das Handy im Inneren der Tasche zu schützen, können Sie nun das Vlies entsprechend der jeweiligen Verarbeitungsweise auf der linken Stoffseite aufbügeln. Um den Kleber aushärten zu lassen, lassen Sie den Stoff etwa zwanzig Minuten ruhen.

Legen Sie jeweils ein kleines und ein großes Außenteil rechts auf rechts aufeinander und nähen Sie sie mit einem Steppstich zusammen. Klappen Sie die Nahtzugabe nach unten und steppen Sie erneut rechtskantig ab. Dabei kann die Naht entweder farblich zum Stoff passen oder alternativ den genauen Kontrast darstellen, um die Tasche auffälliger zu gestalten. Nachdem Sie diesen Vorgang bei beiden Teilen erledigt haben, legen Sie die Außenteile rechts auf rechts aufeinander und vernähen sie an jeweils drei Kanten. Ihr Stoff sollte nun aussehen wie eine Tasche, nur ohne Verschluss.

Verfahren Sie mit den Innentaschen auf die gleiche Art und Weise. Allerdings benötigen Sie hier eine Wendeöffnung von etwa sechs Zentimetern im unteren Bereich. Diese benötigen Sie, um die Wendetasche nach rechts zu drehen. Die Innentasche muss nun in die Außentasche gesteckt werden.

Legen Sie jetzt das Gummiband an einer Seite zwischen die jeweils rechten Seiten des Innen- und Außenstoffs – das Gummiband muss sich dabei in der Tasche befinden. Sobald Sie die richtige Länge gefunden haben, müssen Sie das Band fixieren. Nähen Sie beide Stoffe an der Oberkante im Kreis zusammen.

Ziehen Sie die Innentasche erneut heraus und drehen Sie sie durch die Wendeöffnung auf rechts. Nutzen Sie für den folgenden Schritt bestenfalls einen Kantenformer, um die Ecken auszuarbeiten. Schließen Sie die Wendeöffnung möglichst knapp kantig und stecken Sie den Stoff zurück in die Innentasche.

Arbeiten Sie die obere Kante so heraus, dass Innen- und Außentasche direkt aufeinander liegen und steppen Sie ringsherum knapp kantig ab. So sieht die Kante optisch ansprechend aus und kann nicht mehr verrutschen.

Platzieren Sie nun noch den Knopf so auf der Tasche, dass sich der Gummi fest darum schließen kann. Diesen Knopf müssen Sie nur noch von Hand annähen und sind fertig.

Kissenbezüge

Kissen bieten eine großartige Möglichkeit, durch schnelles Austauschen das Ambiente eines Raums zu verändern oder zu unterstreichen. Sie können Sofas, Sessel oder Betten aufpeppen und fühlen sich dazu auch noch wunderbar weich an. Mit selbstgenähten Kissenbezügen können Sie einen individuellen, kreativen Look in jedes Zimmer bringen und müssen dafür nicht viel Geld bei Deko- und Möbelgeschäften lassen. Als Anfänger werden Sie mit diesem Projekt schnell gute Erfolge erzielen. Sie brauchen lediglich zwei Stoffstücke in den Maßen 55 x 55 Zentimeter, einen Reißverschluss von ca. 30 Zentimetern, Schere, Garn und Stecknadeln.

Ich würde Ihnen empfehlen, zwei unterschiedliche Stoffe für Ihren Kissenbezug zu wählen – einen kuscheligen Wollstoff für den Winter und einen kühleren Baumwollstoff für den Sommer. So darf das Kissen das ganze Jahr über auf der Couch liegen. Die unterschiedlichen Seiten bietet sich auch für ansehnliche Musterkombinationen an.

Sind die Stoffe gewaschen, gebügelt und zugeschnitten, ziehen Sie den Reißverschluss auseinander und trennen ihn. Danach nähen Sie eine Seite des Verschlusses jeweils mittig an eine Seite des Kissenstoffs. Beide Teile verbinden Sie nun wieder mit dem Reißverschluss und schließen diesen bis zur Hälfte. Die Stoffstücke werden rechts auf rechts genau aufeinandergelegt und festgesteckt.

Jetzt werden nur noch alle Seiten zusammengenäht, wobei Sie den Reißverschluss natürlich aussparen. Haben Sie die Kanten versäubert, können Sie den Bezug durch die Öffnung wenden und dann mit einem Kissen füllen.

Übrigens: Gängige kleinere Kissen haben ein Maß von 39 x 39 Zentimetern, Sie können sich beim Nähen von Kissenbezügen auch an dieser Größe orientieren. Der Reißverschluss sollte dann etwa 25 Zentimeter lang sein.

Haargummi

Ich weiß nicht, wie es bei Ihnen aussieht, aber meine dünnen Haargummis fliegen gefühlt überall in der Wohnung rum und landen schnell mal hinterm Bett oder im Staubsauger. Das ist sehr nervig, denn wenn ich sie dann einmal brauche, finde ich sie einfach nicht. Deswegen bin ich großer Fan von Scrunchies, also weichen, gerafften Haargummis mit Stoff. Vor allem in bunten Farben und mit schönen Mustern sind sie richtige Hingucker und lassen sich um einiges leichter finden als dünne Haargummis.

Dazu kommt noch, dass Scrunchies durch den zusätzlichen Stoff schonender für die Haare sind – wer also den ganzen Tag einen Pferdeschwanz oder einen Dutt trägt, strapaziert sein Haar und die Kopfhaut weniger. Die Haargummis sehen supersüß aus, lassen sich schnell aus Stoffresten zusammennähen und sind sehr einfach in der Herstellung.

Das Material für ein Scrunchie ist schnell besorgt. Sie brauchen bedruckte Baumwolle mit einem Muster Ihrer Wahl, ein etwa 3 mm breites Gummiband, Stecknadeln, eine Sicherheitsnadel, eine Handnähnadel, eine Schere, Garn, Maßband und Stift.

Für einen Haargummi schneiden Sie ein Rechteck der Maße 40 x 10 Zentimeter zu und stecken den Stoff im Bruch rechts auf rechts zusammen, sodass der Stoff an den Außenkanten genau aufeinanderliegt.

Danach steppen Sie den Stoff bei 0,5 Zentimetern mit der Nähmaschine. Achten Sie darauf, die Enden gut zu vernähen.

Nun müssen Sie die Sicherheitsnadel in ein Ende einhaken und den entstandenen Stoffschlauch damit wenden, sodass die Vorderseite des Stoffs wieder nach außen zeigt. Die Schnittkante stülpen Sie an einem Ende einen Zentimeter nach innen und bügeln sie.

Jetzt ziehen Sie das Gummiband in den Schlauch ein, wieder mit Hilfe der Sicherheitsnadel. Die Länge des Gummibands sollte etwa 15 Zentimeter betragen. Die Enden des Bands ragen dann aus dem Stoffschlauch heraus und Sie müssen sie nur noch fest verknoten.

Schlussendlich ziehen Sie das eingebügelte Schlauchende über das andere Ende des Schlauchs und vernähen die Enden mit der Hand. Und schon ist Ihr Haargummi fertig!

Brillenetui

Ob Brillenträger oder einfach nur Fan von Sonnenbrillen: Niemand hat Brillen gerne ungeschützt rumliegen. Auch wenn sie scheinbar sicher auf dem Tisch oder einer Kommode liegen, ist die Gefahr groß, dass sie doch einmal übersehen werden und zu Schaden kommen. Umso besser ist es da, ein schützendes Brillenetui zu haben.

Brillenetuis selbst zu nähen, geht schnell und es wird nur wenig Stoff gebraucht, es eignet sich also super zum Reste verwerten. Das Etui schützt alle Brillengläser vorm Zerkratzen und hält sie auch in der Handtasche gut verstaut.

Um ein Brillenetui zu nähen, brauchen Sie einen Musterstoff Ihrer Wahl für die Oberseite in den Maßen 20 x 30 Zentimeter, die gleichen Maße gelten für den Stoff für die Innenseite (am besten sehr weich) und für das Bügelvlies, welches für die Stabilität benötigt wird. Dazu benötigen Sie noch eine Schere, Druckknöpfe und Garn.

Haben Sie die Stoffe zugeschnitten, machen Sie jeweils auf der 30 Zentimeter langen Seite bei 20 Zentimetern eine Markierung auf jeder Seite und schneiden dann von dort aus bis zur Mitte der nächstgelegenen kürzeren Seite ein Dreieck ab. Die drei Stoffstücke sehen dann wie kleine Häuser aus.

Im nächsten Schritt wird das Bügelvlies auf einen der Stoffe aufgebügelt, es ist Ihnen überlassen, ob hierfür der Außen- oder Innenstoff herhält. Nun legen Sie die Stoffe so aufeinander, dass das Vlies in der Mitte liegt und die äußeren Stoffseiten nach außen zeigen. Sie klappen die Kanten jeweils einen Zentimeter nach innen um und stecken sie mit Nadeln fest.

Jetzt ist es Zeit, die Druckknöpfe anzubringen. Besonders gut eignet sich dafür eine Druckknopf-Zange, dieser Schritt kann aber auch per Hand erledigt werden. Sie befestigen den oberen Druckknopf am Innenstoff, an der Spitze des Dreiecks, und den unteren am Außenstoff unten, um zu verhindern, dass die Brille später von der Knopfinnenseite zerkratzt wird.

Als Nächstes werden alle Kanten rundherum zugenäht, sodass alle Stofflagen aufeinander genäht sind. Sie legen das Ergebnis mit der Innenseite nach oben vor sich hin und klappen den unteren Teil nach oben um, die untere kurze Seite sollte am Boden des oberen Dreiecks liegen. Sie befestigen die Seiten mit Stecknadeln.

Am Boden des Brillenetuis legen Sie nun eine ca. einen Zentimeter breite Falte, bevor Sie die Seiten vernähen. Jetzt können Sie Ihre Brille in das Etui legen und leicht verschließen.

Kosmetiktasche

Fürs Reisen oder einfach fürs Zusammenhalten wichtiger Kosmetikartikel eignet sich eine kleine Kosmetiktasche bzw. ein Kulturbeutel perfekt. Neben Haarklammern und Schminksachen kann in den kleinen Taschen auch anderer Kleinkram aufbewahrt werden, der sonst keinen Platz findet und nur rumfliegt. Eine Kosmetiktasche selbst zu nähen geht äußerst schnell und das Projekt eignet sich prima als Idee für ein Last-Minute-Geschenk.

Zu den Materialien: Sie brauchen einen Außenstoff der Maße 21 x 26 Zentimeter, einen Innenstoff und ein Volumenvlies in der gleichen Größe sowie ein Stück Endlosreißverschluss mitsamt dem Zipper. Für den Außen- und Innenstoff können Sie Leinen, Baumwolle, Polyester, Kunstleder, Korkstoff oder Canvas verwenden – Ihrer Kreativität sind keine Grenzen gesetzt.

Als Erstes geht es an das Zuschneiden der Stoffe. Falten Sie den Innen- und Außenstoff rechts auf rechts im Bruch zu und schneiden Sie zwei gefaltete Rechtecke zu, deren Größe 21 x 13 Zentimeter beträgt, also die Breite mal die halbe Höhe des ursprünglichen Stoffteils. An den dem Bruch gegenüberliegenden Seiten bzw. den offenen Seiten des Außen- und Innenstoffs schneiden Sie jeweils vom Rand ausgehend Schnittmarkierungen der Länge zwei Zentimeter an. Die Markierungen verbinden Sie nach unten verlaufend mit den äußersten Punkten der Bruchkanten. Das entstandene Dreieck auf jeder Seite schneiden Sie ab.

Breiten Sie den Außenstoff nun wieder aus und bügeln Sie das Volumenvlies auf die linke Seite des Stoffs, dieser wird ebenfalls beschnitten. Danach schneiden Sie den Reißverschluss auf eine Länge von 18,5 Zentimetern zu. Sie fixieren beide Reißverschlussteile mit Stecknadeln zwischen Außen- und Innenstoff, während die Stoffe rechts auf rechts liegen und der Reißverschluss zur Mitte hin zeigt. Jetzt nähen Sie den Reißverschluss bis zum Rand fest. Die Naht liegt ungefähr in der Mitte des Reißverschlusses. Sind Sie damit fertig, wenden Sie die Tasche links auf links und bügeln die soeben genähte Kante unterhalb des Reißverschlusses. Berühren Sie dabei nicht den Reißverschluss an sich, dadurch kann es später Probleme geben.

Nun fädeln Sie den Zipper des Verschlusses ein, richten Sie ihn so aus, dass der Reißverschluss wirklich gleichmäßig schließt und die Enden bündig sind. Den Reißverschluss stellen Sie so, dass etwa zwei Drittel offen sind – das ist Ihre Wendeöffnung.

Als Nächstes wenden Sie das Stoffstück und falten das Innenfutter sowie den Außenstoff in der Mitte rechts auf rechts aufeinander. Die Stücke sollten jetzt wie Trapeze aussehen und der Reißverschluss ist mittig geknickt, er zeigt dabei in die Richtung des Außenstoffs. In dieser Position stecken Sie die Tasche nun fest, Innenseite und Außenseite liegen sich quasi gegenüber mit dem Verschluss in der Mitte.

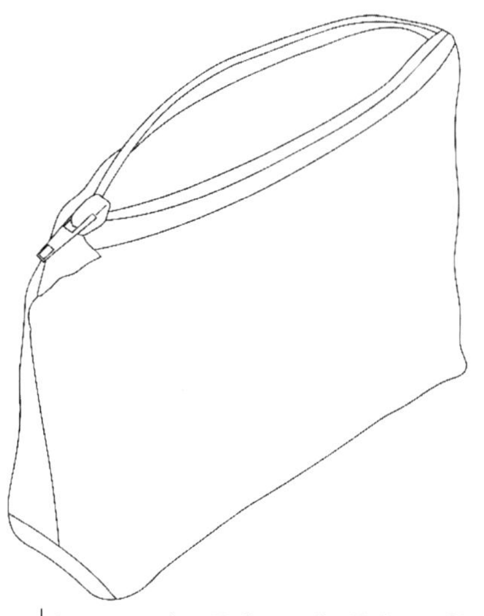

Die Wendeöffnung an einer Seite des Innenstoffes bleibt als Öffnung bestehen, exakt an der Mitte sollte sie sich befinden. Nähen Sie jetzt entlang der offenen Längsseiten, die Sie festgesteckt haben. Wie gesagt, bleibt dabei die obige Öffnung ausgespart. Um die Nähte am Ende des Reißverschlusses stabiler zu machen, können Sie hier mehrmals hin- und her nähen.

Natürlich wollen Sie, dass Ihre Tasche später stabil steht. Deshalb nähen Sie nun die Ecken ab. Falten Sie dafür die vier Ecken rechts auf rechts und die Eckennaht auf die gegenüberliegende Mitte, wobei sich Dreiecke bilden. Jede der Ecken wird nun genauso festgenäht. Es sollte sich danach eine Standfläche von ca. 4 Zentimetern ergeben, so lang sollte also auch die Naht sein. Sind die Ecken fertiggenäht, schneiden Sie die abstehenden Zipfel knappkantig ab. Die Tasche kann nun durch Reißverschluss und Wendeöffnung am Innenfutter gewendet werden. Achten Sie darauf, die Ecken richtig auszuformen.

Schließen Sie die Wendeöffnung mit der Nähmaschine oder einem Leiterstich. Um die Dreiecksform unten zu fixieren und für mehr Stabilität zu sorgen, greifen Sie an die unteren Ecken des Futters und richten sie an die Ecken des Außenstoffes. Fixieren Sie mit Nadeln oder klammern Sie diese Ecken von außen und nähen Sie knappkantig an der äußeren Kante entlang, dabei wird der Innenstoff miteingefasst. Die kleine Kosmetiktasche ist fertig!

Abschminkpads

Wer regelmäßig Abschminkpads benutzt, um sein Gesicht zu reinigen, ist mit einer Menge Müll konfrontiert. Weiche Wattepads fühlen sich angenehm an und befreien die Haut von Make-Up und Schweiß, sind aber alles andere als nachhaltig. Seit kurzem finden sich online und auch in den Drogerien zahlreiche Angebote für wiederverwendbare Abschminkpads, um diesem Problem entgegenzuwirken. Sie können die Pads aber auch einfach selbst nähen und damit nicht nur der Umwelt, sondern gleich noch Ihrem Geldbeutel etwas Gutes tun.

Sie brauchen lediglich Stoff (es bieten sich Reste an), einen Stift, eine Schablone und wie immer Ihre Nähmaschine. Bei der Wahl des Stoffs sollte darauf geachtet werden, nichts zu verwenden, was eine große Saugkraft besitzt oder kratzig ist. Die Gesichtshaut ist besonders empfindlich, es eignet sich also Baumwolle, Jersey und Sweat. Sehr nachhaltig ist es, wenn Sie alte Frottee-Handtücher in Abschminkpads verwandeln, anstatt sie wegzuschmeißen.

Als Vorlage zum Ausschneiden des Stoffs dient eine Form Ihrer Wahl, mir persönlich sind runde Pads am liebsten. Der Boden einer Tasse oder eines Bechers kann als Schablone herhalten. Die Tasse setzen Sie auf die ausgewählten Stoffe, die links auf links aufeinander liegen. Um etwas kreative Abwechslung ins Spiel zu bringen, können Sie gerne zwei unterschiedliche Stoffe verwenden. Eine Seite des Pads könnte dann z. B. aus einem sehr weichen Stoff bestehen, während die andere etwas rauer ist.

Ist die Form der Abschminkpads mit Hilfe eines Stifts auf die Stoffe übertragen, stecken Sie die Stoffe aufeinander fest. Mit einem möglichst schmalen Zickzack-Stich werden die Teile an der eingezeichneten Linie dann zusammengenäht, bevor der überschüssige Stoff an den Kanten abgeschnitten wird. Achten Sie hierbei darauf, nicht versehentlich in die naht zu schneiden. Möchten Sie etwas stabilere Pads, können Sie mehrere Nähte übereinandersetzen. Die Abschminkpads sind nun fertig und wellen sich wahrscheinlich etwas. Wenn Sie das stört, können Sie einfach kurz über die Pads bügeln.

Ofenhandschuhe

Zu jeder gut ausgestatteten Küche gehören Ofenhandschuhe. Sind diese an das Küchenkonzept angepasst, sind sie nicht nur praktisch, sondern sehen auch noch schön aus. Selbstgenähte Ofenhandschuhe machen sich darüber hinaus als schönes Last-Minute-Geschenk, denn sie sind wirklich schnell herzustellen, wenn die Materialien einmal angeschafft sind.

Besagte Materialien beinhalten das Volumenvlies Thermolam. Dieses Vlies hat eine Art Metallfolie eingearbeitet, isoliert Temperaturen und eignet sich damit perfekt dafür, die Hände vor der starken Ofenhitze zu schützen. Zudem benötigen Sie festen Baumwollstoff und einen weichen Innenstoff sowie ein Band zum Aufhängen der Handschuhe. Neben Ihrer Nähmaschine brauchen Sie eine Schere und Stecknadeln.

Zum Ausschneiden der Stoffe benötigen Sie als Erstes eine Vorlage. Zeichnen Sie dafür am besten auf den Stoff den Umriss Ihrer Hand grob nach, damit die Handschuhe nicht zu eng werden. Der Daumen und die restlichen Finger bilden dabei jeweils eine Einheit, wie man es von gebräuchlichen Ofenhandschuhen kennt. Von Außen- und Innenstoff und dem Thermolam werden jeweils vier Teile benötigt.

Die inneren Handschuhe stecken Sie rechts auf rechts und nähen sie dann zusammen, wobei die untere Seite offen bleibt. Im nächsten Schritt legen Sie ein Außenstoffteil mit der linken Seite nach unten auf ein Teil des Thermolams. Auf dieses kommt dann das zweite Außenstoffteil mit der rechten Seite nach unten. Damit liegen die beiden Seiten, die am Ende am Handschuh außen sind, aufeinander. Hierauf kommt noch ein weiteres Thermolamteil. Das Ganze wird zusammengesteckt und zusammengenäht, erneut bleibt die untere gerade Seite offen.

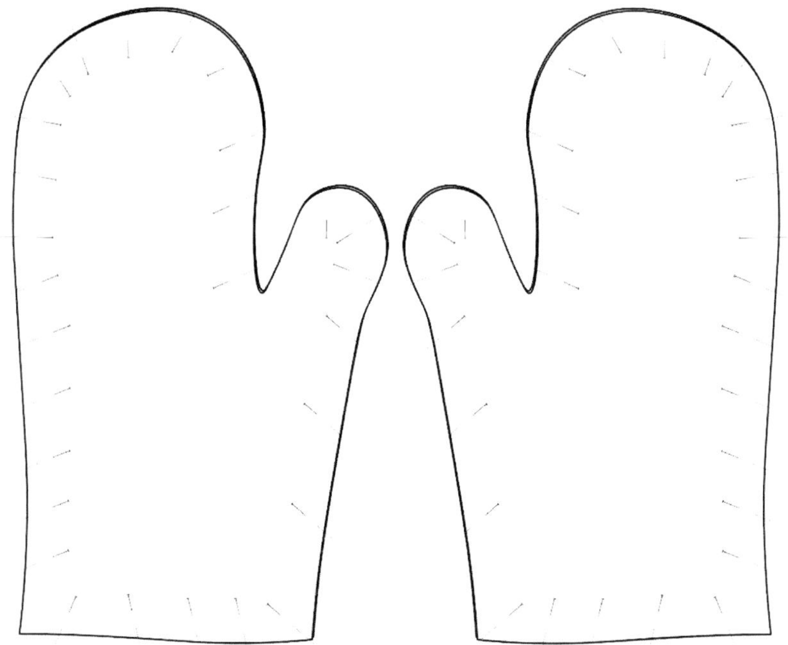

Jetzt beschneiden Sie die Nahtzugabe mit der Schere. Die Stelle zwischen Daumen und Zeigefinger ist etwas knifflig, die Nahtzugabe wird dort bis zur Naht eingeschnitten, um den Ofenhandschuh gut wenden zu können. Wenden Sie den äußeren Ofenhandschuh und schieben Sie den inneren Handschuh in den äußeren hinein. An der Öffnung schlagen Sie den Handschuh nach innen ein, hierbei wird der Innenstoff noch ein wenig mehr eingeschlagen als der Außenstoff.

Um das Aufhängband hinzuzufügen, legen Sie das Band einfach zusammen und stecken es an der Seite des Ofenhandschuhs ungefähr einen Zentimeter hinein. Nun schließen Sie die Naht, entweder mit einem normalen Geradstich oder einem kunstvolleren Zierstich. Ihre angenehmen und praktischen Ofenhandschuhe sind fertig.

Lätzchen

Eine meiner besten Freundinnen hat zwei bezaubernde Zwillinge, die ziemlich agil sind und sich gerne mal schmutzig machen – wie Kinder das nun mal so tun. Am Essenstisch machen sie dabei keine Ausnahme. Es wird gespritzt, gekleckert und verschmiert, bis wirklich überall Essensreste hängen und meine Freundin am Verzweifeln ist, wenn sie nicht gerade über die freudigen und klebrigen Gesichter ihrer Kinder lacht. Um wenigstens die schönen Klamotten der Kleinen vor Sauereien zu schützen, habe ich ein paar süße Lätzchen für sie genäht.

Diese sind im Handumdrehen selbstgenäht. Simple Schnittmuster für Lätzchen gibt es viele, achten Sie vor allem auf genug Fläche an der Vorderseite des Lätzchens und auf einen ausreichenden Halsausschnitt. Als Material für die Vorderseite eignet sich Baumwollstoff, für die Rückseite Frottee und für die Stabilität des Lätzchens Bügelvlies, alles etwa in den Maßen 35 x 40 Zentimeter. Zum Verschließen des Lätzchens eignet sich ein Druckknopf.

Drucken Sie als Erstes das Schnittmuster aus und bügeln Sie dann schon einmal das Bügelvlies auf die Rückseite des Stoffs für die Vorderseite des Lätzchens. Wenn Sie das Muster auf die Stoffe übertragen haben, schneiden Sie diese zu. Vergessen Sie nicht die Nahtzugabe, falls diese nicht in der Vorlage eingerechnet wurde.

Legen Sie nun den Baumwoll- und Frotteestoff rechts auf rechts aufeinander und steppen Sie die Stoffteile aufeinander. Am unteren Teil des Lätzchens lassen Sie dabei eine 10 Zentimeter große Wendeöffnung. Nachdem Sie die Nahtzugabe auf ca. 3 Millimeter zurückgeschnitten haben, schneiden Sie die Rundungen mit Feingefühl bis zur Naht ein.

Nun müssen Sie das Lätzchen durch die Öffnung wenden und es noch einmal glattbügeln. Die Wendeöffnung können Sie mit einem Handstich verschließen. Dann müssen Sie nur noch den Druckknopf an den oberen zwei Enden des Lätzchens anbringen und fertig ist Ihr Lätzchen.

Turnbeutel

Turnbeutel eignen sich als perfektes Anfänger-Nähprojekt, denn wenn man sie selbst näht, kann man nicht allzu viel falsch machen und hat schnell ein schickes Ergebnis. Ob für den Einkauf oder für Sportsachen, in den klassischen Turnbeutel passt immer mehr rein als gedacht und durch Zuziehen der Kordel kann nichts aus ihm herausfallen. Darüber hinaus ist er leicht und schmiegt sich beim Tragen angenehm an den Rücken.

Für Ihren ersten selbstgefertigten Turnbeutel benötigen Sie zwei unterschiedlich gemusterte bzw. unifarbene Stoffe, Stecknadeln, Schere, etwa 3,8 Meter Kordel und Ihre Nähmaschine. Die Stoffwahl ist ganz Ihnen überlassen, von Jersey über Jeans oder Kunstleder bietet sich so gut wie alles an.

Für den Zuschnitt schneiden Sie aus dem ersten Stoff für das Hauptteil zwei Stücke der Maße 38 x 37 Zentimeter und für die späteren Schlaufen des Beutels zwei Stücke der Maße 4 x 8 Zentimeter. Aus dem zweiten Stoff entsteht der untere Teil des Turnbeutels, dafür benötigen Sie zwei Stücke mit den Maßen 38 x 16 Zentimeter.

Versäubern Sie alle Schnitteile einzeln, entweder mit Ihrer Overlock oder mit dem Zick-Zack-Stich der Nähmaschine. Nun nähen Sie das untere Teil des Beutels an das Hauptteil und bügeln die Nahtzugaben auseinander. Um die Naht zu verzieren, können Sie optional ein dekoratives Band von rechts auf die Naht steppen.

Im nächsten Schritt bearbeiten Sie den Stoff für die Schlaufen. Klappen Sie die Kanten der Schlaufenteile längs zur Mitte um. Bügeln Sie die Kanten und klappen Sie die Schlaufe danach noch einmal zur Mitte, bevor Sie die Kanten steppen.

Um die gefertigten Schlaufen an den Beutel zu befestigen, klappen Sie sie zur Hälfte um und stecken sie mit einem Abstand von 2 Zentimetern zur unteren Kante auf eine Seite des unteren Beutelteils, wo sie festgesteppt werden. Nun werden die Turnbeutelteile rechts auf rechts gelegt und an mehreren Stellen mit Stecknadeln festgesteckt.

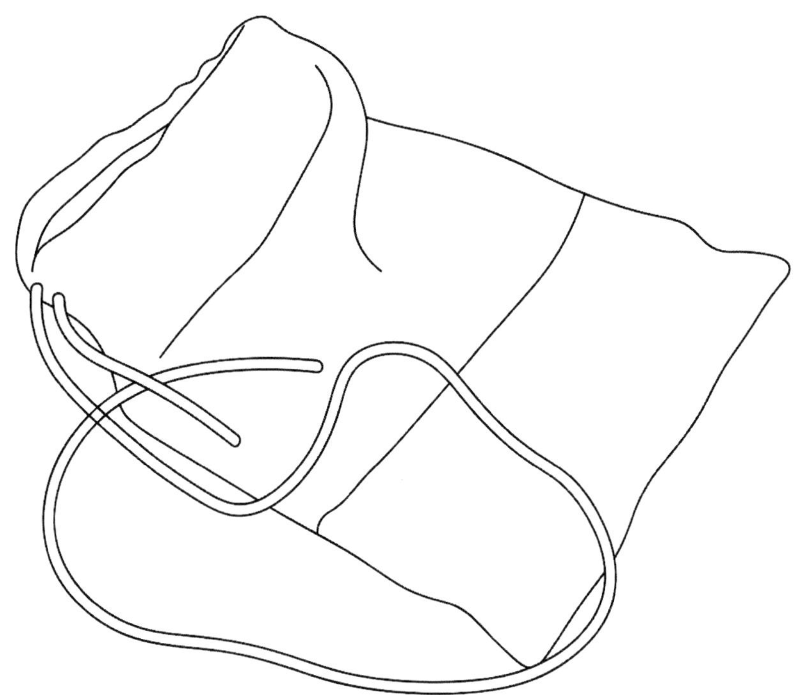

Jetzt fangen Sie an der oberen Kante mit dem Nähen an und nähen etwa vier Zentimeter zu. Ungefähr 3 Zentimeter unterhalb setzen Sie erneut an und nähen Boden und Seitennaht, wobei Sie die Schlaufen mit einfassen. Nähen Sie mehrmals über den Schlaufen, um sicherzugehen, dass diese bei Belastung nicht sofort reisen. Sind Sie auf der anderen Seitennaht angekommen, setzen Sie 7 Zentimeter vor Nahtende ab und lassen noch einmal 3 Zentimeter offen. Nähen Sie das Ende zu. Bügeln Sie die Nahtzugaben auseinander und versäubern Sie das Durchzugsloch für die Kordel, dafür muss es rundherum auf den Nahtzugaben abgesteppt werden.

Für den Tunnelzug des Turnbeutels wird die obere Kante 5 Zentimeter nach innen umgeklappt und die Kanten werden bügelt. Der Tunnelzug wird dann von rechts festgesteppt. Bedenken Sie dabei den Platz, den die Kordel im Tunnelzug braucht – nähen Sie den Tunnelzug also nicht zu eng!

Zum Schluss fehlt nur noch die Kordel. Diese schneiden Sie in zwei identisch lange Stücke und fädeln sie durch den fertigen Tunnelzug um die Schlaufen an den unteren Spitzen des Beutels. Dabei können Sie eine Sicherheitsnadel zu Hilfe nehmen, die an einem Ende der Kordel befestigt und dann durch den Tunnelzug und eine Schlaufe gefädelt wird, das gleiche auf der anderen Seite. Die Enden der Kordel werden noch verknotet, dann ist Ihr selfmade Turnbeutel fertig.

Augenmaske

Sie sitzen als Beifahrer im Auto, im Bus oder im Flugzeug und sind von der Reise vollkommen erschöpft. Sie haben ein junges Kind zu Hause und müssen schnell einschlafen und wieder wach werden. Ihre Rollladen schließen nicht richtig und da ist dieser eine Lichtstrahl der Laterne vor dem Haus, der Sie immer stört. Wenn Sie jetzt nur eine Augenmaske hätten! Vielen Menschen fällt das Einschlafen schwer, besonders in den Momenten, in denen sie unbedingt schlafen wollen. Eine Augenmaske kann da helfen, denn sie legt einen Schleier aus Dunkelheit über die Augen und führt Sie leichter ins Land der Träume. Für Ihre eigene Augenmaske benötigen Sie einen weichen Stoff, da dieser ja direkt Ihr Gesicht berührt. Softe Baumwolle oder sogar Seide eignet sich gut. Zudem braucht es eine Stoffschere, Nähmaschine, ein Band Wäschegummi und Stecknadeln.

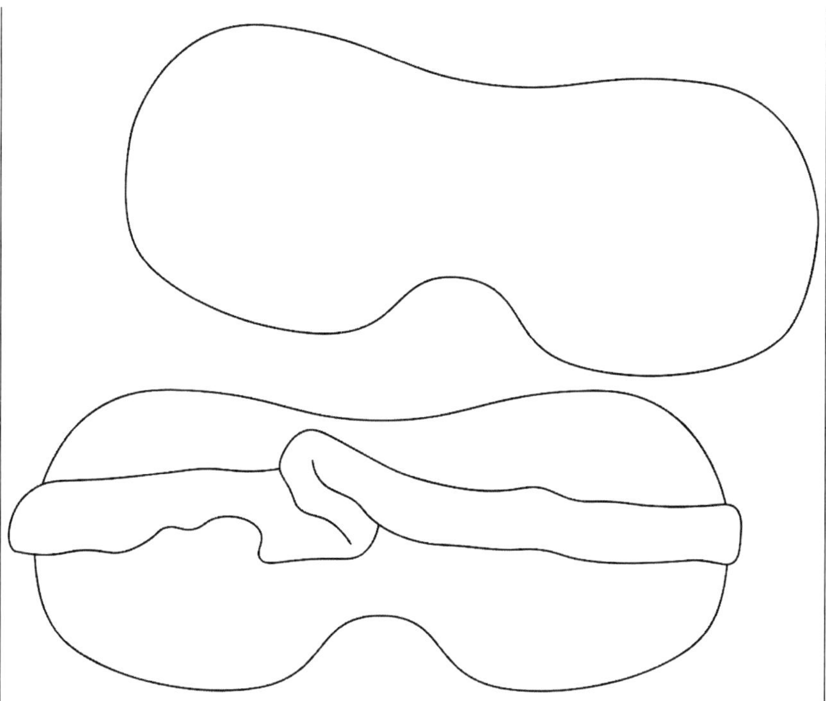

Im ersten Schritt fertigen Sie ein schlichtes Schnittmuster auf einem Blatt Papier an. Entweder zeichnen Sie es frei Hand oder legen eine Brille auf das Papier und zeichnen deren Umrisse grob nach. Die fertige Schablone legen Sie dann auf Ihren Stoff und schneiden zwei Teile in dieser Form aus.

Auf die Vorderseite der Maske können Sie optional noch ein schönes Muster nähen oder sticken, wie Augen oder einen schönen Spruch. Nun kümmern Sie sich aber erst einmal um das Band der Augenmaske. Dieses sollte etwas breiter und nicht zu straff sein, damit die Maske bequem ist und nirgendwo in die Haut drückt oder sie gar beim Schlafen stört – entgegen dem eigentlichen Ziel. Am besten messen Sie den Gummi einfach an Ihrem Kopf ab und finden so heraus, welche Länge passt.

Der Ästhetik wegen können Sie um das Band noch eine Stoffhülle nähen. Dafür nehmen Sie sich noch etwas vom Stoff und schneiden ein

Rechteck der Maße 40 x 5 Zentimeter zu. Legen Sie den Stoff mittig zusammen, mit der schönen Seite nach innen. An der langen Seite des Schlauchs nähen Sie nun einmal entlang. Mit einer Sicherheitsnadel wenden Sie den Stoff wieder richtigherum und nutzen die Nadel dann, um das Band durchzufädeln. Ist Ihnen das zu aufwendig, können Sie das Gummiband auch einfach so an die Seite der Maske nähen.

Eines der Maskenteile legen Sie vor sich, mit der schönen Seite nach oben, und platzieren dann das Band längs der Mitte darauf. Die Enden des Bands stecken Sie rechts und links der Maske fest. Der zweite Teil der Maske kommt jetzt wiederum auf das Band und den anderen Stoff. Die schöne Seite liegt innen. Alle Teile stecken Sie mit Nadeln fest, bevor Sie die gesamte Kante festnähen und dabei eine kleine Öffnung lassen. Durch diese Wendeöffnung wird die Augenmaske gewendet. Bügeln Sie sie einmal glatt und schließen Sie die Wendeöffnung. Für einen besseren Look steppen Sie die Maske noch einmal ringsherum ab. Süße Träume!

Totebag

Der Totebag ist eine schicke und vor allem praktische Alternative zur klobigen Handtasche und eignet sich gut zum Einkaufen. Die Tragetasche kann zudem leicht zusammengeklappt und in einer anderen Tasche oder einem Rucksack verstaut werden, um dann zum Einsatz zu kommen, wenn noch etwas mehr Stauraum benötigt wird. Dank dieses Alltagsbegleiters kann also auf unnötige Plastiktüten verzichtet werden, ein Pluspunkt für Nachhaltigkeit. Es gibt sie in verschiedenen Größen und Farben, mit längeren oder kürzeren Trägern und mit oder ohne Innenfutter.

Ich möchte Ihnen eine sehr leichte Anleitung für das Nähen eines Totebags geben, der stabil ist und einiges aushält. Trotzdem ist die Tasche schnell genäht, denn Zusätze wie Innentaschen oder Verschlüsse werden nicht benötigt. Was Sie neben der Nähmaschine brauchen, sind vier Stoffstücke, zwei für die Außenseite, zwei für innen, Volumenvlies, ein farblich abgestimmtes Gurtband für die Träger, Stecknadeln, Stoffschere und Garn. Das Stoffmaterial kann aus Baumwolle oder Polyesterstoff bestehen, aber auch aus Jacquard oder sogar Kunstleder. Sehr modern sieht es aus, wenn Sie sich für einen eher schlichten oder einfarbigen Außenstoff entscheiden und dafür ein bemustertes Innenfutter verwenden.

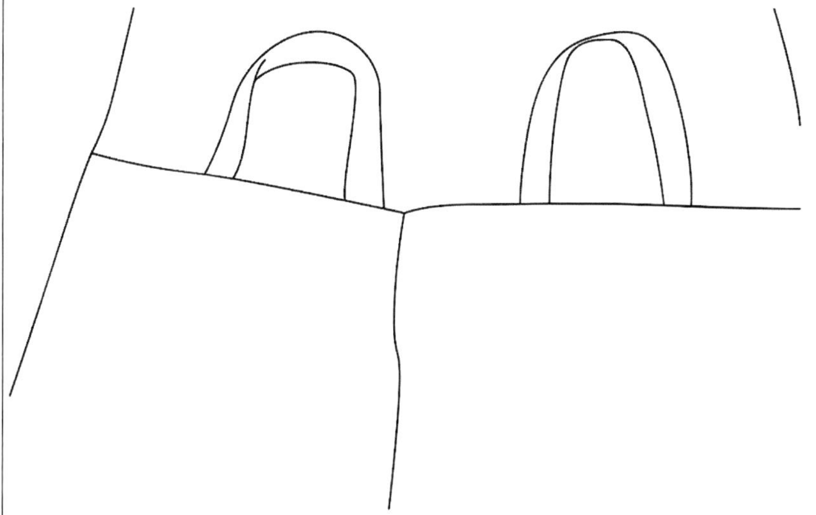

Wenn Sie alle Materialien besorgt haben, schneiden Sie jeden Stoff jeweils zwei Mal in den Maßen 30 x 35 Zentimeter zu. Sie haben dann also zwei Teile des Außenstoffs, zwei des Innenstoffs und zwei aus Volumenvlies. Bügeln Sie das Volumenvlies auf die Außenstoffteile auf. Schneiden Sie danach zwei Streifen Gurtband mit einer Länge von 38 Zentimetern zu, bei der Breite können Sie variieren. Gängig sind 2-4 Zentimeter.

Diese Bänder stecken Sie nun an die beiden oberen Kanten der Stoffe für die Außenseite. Dabei platzieren Sie das Gurtband in einer

Schlaufe so, dass es 10 Zentimeter von beiden Außenkanten entfernt ist. Achten Sie darauf, dass das Band nicht verdreht ist.

Im nächsten Schritt legen Sie den Innenstoff rechts auf rechts auf den Oberstoff auf, wobei das Gurtband in der Mitte liegt. Das Gleiche machen Sie für beide Seiten und verbinden alle Lagen auf einmal mit einer Naht.

Nun nehmen Sie beide Teile der Tasche, klappen sie auf und legen sie rechts auf rechts. Seien Sie genau dabei, die Außenseite und die Innenteile aufeinanderzulegen. Stecken Sie alles fest, bevor Sie ringsum absteppen. Im Innenfutter lassen Sie eine 10-15 Zentimeter große Wendeöffnung, durch welche die Tragetasche dann gewendet wird.

Ziehen Sie alle Ecken, also die zwei des Innenstoffs und die anderen zwei des Außenstoffs, auseinander und legen Sie sie so hin, dass eine Spitze entsteht. Beide Nähte oben und unten treffen hierbei genau aufeinander, wodurch ein 45 Grad Winkel entsteht. Das können Sie gegebenenfalls noch einmal mit einem Geodreieck nachprüfen.

Exakt im rechten Winkel nähen Sie eine 10 Zentimeter lange Naht. Alle vier Ecken schneiden Sie danach zurück. Wenden Sie die Tasche durch die Öffnung, schließen Sie die Wendeöffnung mit einem Handstich oder einer Steppnaht und steppen Sie schlussendlich die obere Naht ab. Ihr Totebag ist fertig und bereit für den ersten Einsatz.

Türstopper

Ein Türstopper ist wahrscheinlich nicht das erste Produkt, das einem einfällt, wenn man an ein erstes Nähprojekt denkt. Doch tatsächlich eignet sich das Nähen von kleinen Türstoppern sehr gut für Nähanfänger, denn es geht schnell, ist leicht und wenn mal ein kleiner Fehler gemacht wird, ist das nicht weiter schlimm – es ist schließlich nur ein Türstopper. Trotzdem sollte dieser natürlich schön aussehen und bestenfalls zu

Ihren Wohnräumen passen. Am wichtigsten ist beim Türstopper, dass er gut gefüllt ist und nervige klappernde Türen zuverlässig vom lauten Zufallen abhält. Das kann z. B. bei starkem Durchzug passieren und ist dann ziemlich ablenkend.

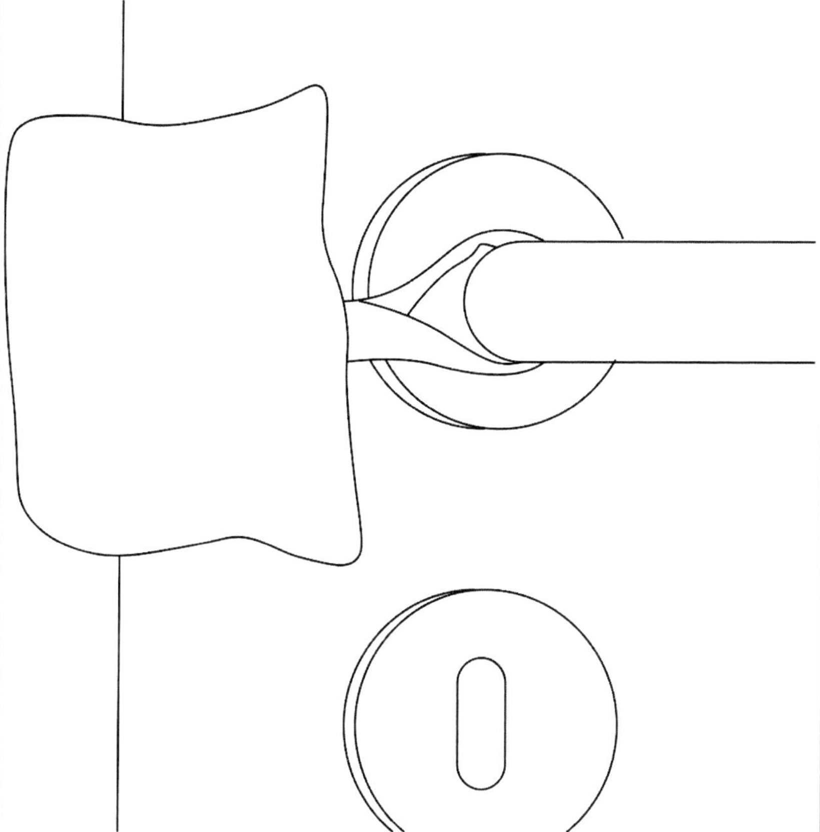

Mit diesem Türstopper wird das nicht mehr passieren. Genau genommen ist es eher ein Klinkenstopper für meist offenstehende Türen, die gerne mal zufallen oder aus Versehen laut zugeschlagen werden. Dieser Stopper besteht aus einem Kissen und wird um beide Türklinken gespannt, was die Tür vom Krachmachen abhält. Ich habe mehrere dieser besonderen Türstopper im Haus und kann ehrlich sagen, dass ich von ihnen begeistert sind.

Die Stopper können leicht aus übriggebliebenem Material hergestellt werden. Was Sie neben der Nähmaschine benötigen, sind zwei rechteckige Stoffstücke der Maße 17 x 10 Zentimeter (am besten irgendein weicher Stoff, den Sie gerade dahaben), Stecknadeln, zwei breite Gummibänder mit einer Länge von 11 Zentimetern und etwas zum Stopfen. Als Füllmaterial bietet sich Füllwatte an oder einfach Stoffreste, diese behalten ihre Federkraft sogar noch länger.

Zunächst legen Sie die beiden Stoffstücke rechts auf rechts aufeinander und legen das Gummiband zwischen sie, sodass sie rechts und links an den kurzen Seiten der Rechtecke mittig liegen. Die Bänder falten Sie jeweils vorher einmal zusammen, sodass eine Schlaufe entsteht. Die geschlossenen Seiten des Gummibands zeigen nach innen, die offenen nach außen.

Stecken Sie die Seiten mitsamt den Bändern gut fest. Dann nähen Sie die Schichten einmal rundherum zusammen, wobei Sie eine etwa 4 Zentimeter große Wendeöffnung an einer Längsseite offenlassen. Nun wenden Sie die entstandene Tasche durch die Öffnung und formen die Ecken aus. Stopfen Sie den Türstopper mit Ihrem Füllmaterial.

Schließen Sie die Wendeöffnung mit einem Leiterstich und schon ist Ihr Türstopper fertig. Er kann nun über die Klinken einer Tür gezogen werden, die Gummibänder halten das Kissen an Ort und Stelle und verhindern, dass die Tür klappert.

Untersetzer

Um heiße Getränke, Töpfe oder Pfannen nicht einfach auf den Tisch stellen und diesen somit ruinieren zu müssen, werden Untersetzer gebraucht. Auf dem Schreibtisch, dem Küchentisch oder dem

Wohnzimmertisch sehen sie gestapelt schön aus und sorgen für Ordnung. Individuelle und eigens gestaltete Untersetzer können Sie ganz einfach selbst nähen, und zwar aus Kordel. Blank gelassen sehen diese Untersetzer modern aus, sie können aber auch beliebig mit weiteren Näharbeiten an Ihre Vorstellung angepasst werden und machen sich gut als Geschenk für jeden begeisterten Kaffee- und Teetrinker. An Materialien benötigen Sie für die Untersetzer Kordel bzw. eine Allzweckleine, die Sie in jeder gutsortierten Drogerie oder der Haushaltsabteilung im Supermarkt finden. Dazu fehlt Ihnen noch Nadel und Nähgarn, gegebenenfalls noch buntes oder gemustertes Bäckergarn.

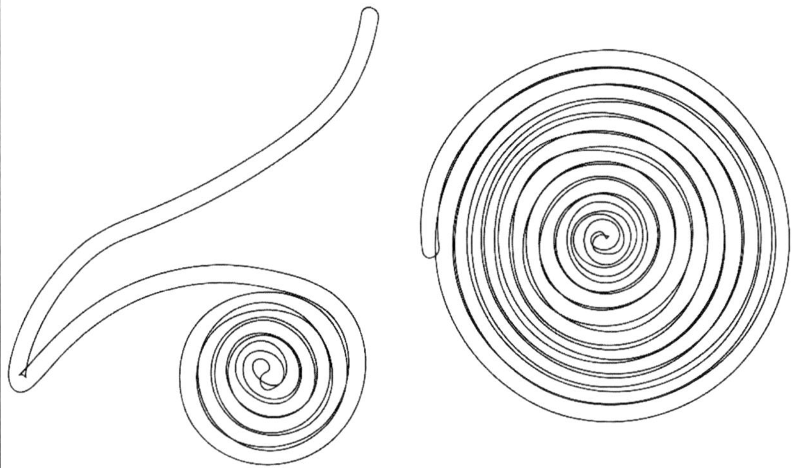

Das Nähen an sich ist relativ leicht. Sie rollen das Ende der Kordel eng zusammen, sodass keine Lücken entstehen. Mit Nadel und Faden nähen Sie die Kordel dann zusammen. Danach machen Sie immer weiter damit, die Kordel zu einer Schnecke aufzurollen und die äußere Reihe an die jeweils innenliegende festzunähen. Wenn Sie nicht mit der Hand nähen möchten, können Sie auch den Zickzackstich der Nähmaschine verwenden. Sobald der Untersetzer die richtige Größe hat – etwas kleiner für Tassen, größer für Töpfe –, schneiden Sie das Ende der Kordel ab und vernähen es.

Nun können Sie mit einem Bäckergarn Ihrer Wahl noch Muster in die Untersetzer nähen. Kaffeeränder adé!

Schüsselhauben

Auch in der Küche sollte Nachhaltigkeit großgeschrieben werden. Ganz so leicht ist das manchmal nicht, irgendwann wird dann doch mal Küchenrolle oder etwas zum Abdecken gebraucht. Um Gerichte und Lebensmittel länger im Kühlschrank aufzubewahren, wird gerne zu Alu- oder Klarsichtfolie gegriffen. Tatsächlich halten diese Materialien das Essen frisch, leider entsteht durch sie jedoch viel unnötiger Müll, der die Umwelt belastet.

Wer für Schüsseln keine passenden Deckel hat und auf Plastikmüll verzichten will, kann sich einfach ein paar hübsche und praktische Schüsselhauben nähen. Diese Stoffteile sehen etwas aus wie Duschhauben, werden aber nicht über den Kopf, sondern eben über Schüsseln gestülpt. Sie können einfach abgewaschen werden und sind nachhaltig, zudem eignen sie sich zum Verwerten von Stoffresten.

Neben besagten Stoffresten, die am besten aus gemusterter Baumwolle bestehen, brauchen Sie zudem einen beschichteten Stoff für die Unterseite. Hierbei können Sie kreativ recyceln, also z. B. einfach einen alten Duschvorhang waschen und verwenden. Dazu benötigen Sie noch eine Stoffschere, Ihre Nähmaschine und ein schmales Gummiband.

Sie beginnen damit, auf den Stoff bzw. den Duschvorhang umgekehrt eine Schüssel zu stellen. Auf diese Weise ermitteln Sie den benötigten Umfang und rechnen ringsherum noch einmal 4-5 Zentimeter dazu. Schneiden Sie dann einen Kreis aus dem Stoff und einen gleichgroßen aus dem Duschvorhang. Sind die Stoffe nicht allzu dick, können Sie sie auch feststecken und dann auf einmal ausschneiden.

Nähen Sie nun die Kreise rechts auf rechts zusammen und lassen Sie eine Wendeöffnung. Wenden Sie nun den Kreis durch die Öffnung und legen Sie ihn mit der Duschvorhangseite vor sich. An den Rand dieser legen Sie das schmale Gummiband und nähen es fest, wobei Sie die Wendeöffnung gleich mit schließen.

Hier ist etwas Geschick gefragt. Während Sie das Gummiband mit einem Zickzack-Stich annähen, sollten Sie es zu sich ziehen, damit sich die Haube später wie gewünscht zusammenrafft und über die Schüssel spannen lässt.

Damit ist die Schüsselhaube auch schon fertig. Je nach gewünschter Größe können Sie für die ausgeschnittenen Kreise einfach unterschiedlich große Schüsseln oder Teller nehmen. Die Schüsselhauben sind umweltfreundlich, sehen schön aus, sind schnell hergestellt, lassen sich abwischen und halten garantiert sehr lange.

Nachwort

Ich hoffe, Sie finden unter den Ideen erste Anreize für ansprechende Projekte. In jedem Fall sind Sie nach dieser Lektüre so gut wie möglich gerüstet und können in Ihr spannendes und aufregendes neues Hobby starten. Ich wünsche Ihnen viel Spaß und Erfolg dabei, Ihre Kreativität auszuleben.

Quellenverzeichnis

https://www.stoffe.de/naehen-fuer-anfaenger.html

https://naehfrosch.de/naehen-fuer-anfaenger-7-tipps-fuer-naehanfaenger/

https://naehfrosch.de/naehen-lernen/

Stoffarten-Lexikon: Eine Übersicht aller Stoffe zum Nähen (naehfrosch.de)

https://schnittmuster-datenbank.de/naehideen-anfaenger

Einfachen Rock nähen - kostenlose einfache Anleitung für Anfänger - Talu.de

https://www.brigitte.de/leben/wohnen/selbermachen/naehen-fuer-anfaenger-10-tipps-fuer-einsteiger-10933680.html

https://xn--nhen-fr-anfnger-0kbk04b.de/wissenswertes/

https://www.diymode.de/15-ideen-fuer-naehanfaenger/

https://de.wikipedia.org/wiki/N%C3%A4hen

Bündchen annähen: so einfach lassen sich Bündchen nähen, auch für kleine Größen! (naehfrosch.de)

https://palundu.de/handarbeit/naehen

https://www.weltbild-news.de/geschenke-trends-lifestyle/naehen.html#more-10703

Naht (Textiltechnik) – Wikipedia

https://www.fashionmakery.com/makery/naehen-von-hand/

Overlock-Nähmaschine – Wikipedia

Overlockstich – Wikipedia

Overlock Nähmaschine: Infos und Tipps rund um die Overlock (naehfrosch.de)

Saubere Nähte durch Nähen mit der Hand - 6 Sticharten vorgestellt (haushaltstipps.net)

Nähen - Die Geschichte des Nähens (palundu.de)

Nähmaschine für Anfänger: Welche Nähmaschine soll ich kaufen? (naehfrosch.de)

▷ Alles über Nähmaschinen-Nadeln – Welche wofür? | Übersicht (sewsimple.de)

▷ Nähen - Verschiedenen Nahtformen und Sticharten und Möglichkeiten, das Nähen zu lernen (paradisi.de)

https://www.faminino.de/laetzchen-selber-naehen/

https://funkelfaden.de/ofenhandschuhe-naehen-einfache-anleitung/

https://www.stoffkontor.eu/naehmagazin/damen/abschminkpads-naehen/

https://naehmutti.com/t-shirt-naehen/

https://wunderbunt.de/stirnband-naehen/

https://www.livingathome.de/wohnen-selbermachen/selbermachen/7224-bstr-kreativ-decke-und-kissen-selber-naehen

https://trytrytry.de/2017/04/brillenetui-selber-naehen/

https://www.burdastyle.de/diy-haargummis-aus-stoff-selber-naehen

https://www.stoffe.de/naehanleitung-turnbeutel.html

https://www.pattydoo.de/poncho-naehen-anleitung

https://praxistipps.focus.de/sommerkleid-ohne-schnittmuster-naehen-so-gelingts_110873

https://www.mamahoch2.de/2014/02/kurze-hose-mit-eigenem-schnittmuster-naehen.html#comments

https://naehmutti.com/beanie-naehen-liv/

https://www.mamahoch2.de/2018/11/schnittmuster-struempfe-so-naehst-du-struempfe-mit-schnittmuster-groesse-21-48.html

https://www.kreativezeit.de/einfache-tasche-naehen-anfaenger/

https://www.mamahoch2.de/2015/07/selfmade-leggings.html

http://www.fummelkram.de/p/tutorial-kleines-dreieckstaschchen.html

https://www.waseigenes.com/2019/03/27/diy-tuerstopper-tuerklinken-puf-fer-naehen/

https://www.waseigenes.com/2020/03/10/abgedeckt-diy-schueselhauben-naehen/

https://www.waseigenes.com/2019/02/21/diy-untersetzer-aus-kordel-na-hen-fur-deine-kaffeetasse/

https://www.handmadekultur.de/projekte/meine-unterhosen-naehe-ich-ab-jetzt-selbst_177209

https://www.mamahoch2.de/2018/09/schlafmaske-naehen-anleitung-fuer-anfaenger.html

Wir danken Ihnen für Ihr Interesse und Ihr Vertrauen. Als Dankeschön dafür, haben wir eine besondere Überraschung. Erfahren Sie, **warum Handarbeit wieder an Beliebtheit gewinnt und welche typischen Anfängerfehler auftreten können**. Freuen Sie sich außerdem auf eine **ultimative Checkliste**. Diese erhalten Sie vollkommen kostenlos. Das klingt wunderbar? Dann warten Sie nicht lange und holen Sie sich Ihr Gratis-Geschenk.

Hier geht es zu Ihrem Gratis-Geschenk:

https://forms.gle/aBDFHc8PFeUEwtKQ6

1. **Öffnen Sie die Kamera-App auf Ihrem Smartphone und richten Sie die Kamera auf den QR-Code.**
2. **Klicken Sie auf den Link, der Ihnen angezeigt wird und schon werden Sie zur Website weitergeleitet.**

Impressum

Herausgeber: Orbita Media Verlag GmbH & Co. KG / Ericusspitze 4 / 20457 Hamburg
Kontakt: kontakt@empireofbooks.de
Website: https://empireofbooks.de
Coverbild: Shutterstock

Haftungsausschluss:
Die Nutzung dieses Buches und die Umsetzung der enthaltenen Informationen, Anleitungen und Strategien erfolgt auf eigenes Risiko. Der Autor kann für etwaige Schäden jeglicher Art aus keinem Rechtsgrund eine Haftung übernehmen. Haftungsansprüche gegen den Autor für Schäden materieller oder ideeller Art, die durch die Nutzung oder Nichtnutzung der Informationen bzw. durch die Nutzung fehlerhafter und/oder unvollständiger Informationen verursacht wurden, sind grundsätzlich ausgeschlossen. Rechts- und Schadenersatzansprüche sind daher ausgeschlossen. Dieses Werk wurde sorgfältig erarbeitet und niedergeschrieben. Der Autor übernimmt jedoch keinerlei Gewähr für die Aktualität, Vollständigkeit und Qualität der Informationen. Druckfehler und Falschinformationen können nicht vollständig ausgeschlossen werden. Es kann keine juristische Verantwortung sowie Haftung in irgendeiner Form für fehlerhafte Angaben vom Autor übernommen werden. Die bereitgestellten Analysen, Vorschläge, Ideen, Meinungen, Kommentare und Texte sind ausschließlich zur Information bestimmt und können ein individuelles Beratungsgespräch nicht ersetzen. Alle Informationen dieses Buches entsprechen dem Kenntnisstand zum Zeitpunkt des Verfassens dieses Buches. Eine Haftung für mittelbare und unmittelbare Folgen aus den Informationen dieses Buches ist somit ausgeschlossen.
Informieren Sie sich weitläufig aus unterschiedlichen Quellen und bedenken Sie, dass am Ende nur Sie für die Entscheidungen verantwortlich sind.

Urheberrecht:

Haftung für externe Links:
Unser Angebot enthält Links zu externen Websites Dritter, auf deren Inhalte wir keinen Einfluss haben. Deshalb können wir für diese fremden Inhalte auch keine Gewähr übernehmen. Für die Inhalte der verlinkten Seiten ist stets der jeweilige Anbieter oder Betreiber der Seiten verantwortlich. Die verlinkten Seiten wurden zum Zeitpunkt der Verlinkung auf mögliche Rechtsverstöße überprüft. Rechtswidrige Inhalte waren zum Zeit-punkt der Verlinkung nicht erkennbar.